D1673876

böhlau

KlangZeiten
Musik, Politik und Gesellschaft

Band 20

Herausgegeben von

Albrecht von Massow

Musik und Liebe

Herausgegeben von
Nina Noeske und Matthias Tischer

Böhlau Verlag Wien Köln

Gedruckt mit freundlicher Unterstützung der Steegmann Foundation
sowie der Hochschule für Musik und Theater, Hamburg

Mariann Steegmann
Foundation •

Bibliografische Information der Deutschen Bibliothek:
Die Deutsche Nationalbibliothek verzeichnet diese Publikation in der
Deutschen Nationalbibliografie; detaillierte bibliografische Daten
sind im Internet über https://dnb.de abrufbar.

© 2022 Böhlau, Lindenstraße 14, D-50674 Köln, ein Imprint der Brill-Gruppe
(Koninklijke Brill NV, Leiden, Niederlande; Brill USA Inc., Boston MA, USA;
Brill Asia Pte Ltd, Singapore; Brill Deutschland GmbH, Paderborn, Deutschland;
Brill Österreich GmbH, Wien, Österreich)
Koninklijke Brill NV umfasst die Imprints Brill, Brill Nijhoff, Brill Hotei, Brill Schöningh,
Brill Fink, Brill mentis, Vandenhoeck & Ruprecht, Böhlau, V&R unipress.

Umschlagabbildung: Hans Erdmann und Giuseppe Becce (unter Mitarbeit von
Ludwig Brav): Allgemeines Handbuch der Film-Musik, Band II: Thematisches Skalenregister,
Berlin-Lichterfelde und Leipzig: Schlesinger'sche Buch- und Musikhandlung, 1927,
Eintrag »Liebe« (Nr. 586 ff.), S. 45.

Umschlaggestaltung: Michael Haderer, Wien
Druck und Bindung: ⊕ Hubert & Co. BuchPartner, Göttingen
Printed in the EU

Vandenhoeck & Ruprecht Verlage | www.vandenhoeck-ruprecht-verlage.com

ISBN 978-3-412-52671-9

Inhalt

Musik und Liebe – eine Verwicklung

Dass es zwischen Musik und Liebe eine – im Sinne Wittgensteins – „Familienähnlichkeit" gibt, bezweifelt niemand. Beide sind, scheinbar paradoxerweise, flüchtig und zugleich unsterblich: „Alle Lust will Ewigkeit" (Friedrich Nietzsche) und „Rock'n'Roll Will Never Die" (AC/DC). Beide sind niemals fertig, höchstens zu Ende – und falls sie jemals fertig sein sollten, spielen sie keine Rolle mehr. Beide sind stofflos und widerstreben in paradigmatischer Weise der Verdinglichung – in der Aufnahme erstarrt die Interpretation der Musik, auf dem Hochzeitsfoto wird die Liebe zu ihrem eigenen Memento mori. Sex sells, und gewissermaßen ist Musik die bürgerlich mehr oder weniger akzeptierte Form der käuflichen Liebe. So viel Ausschweifung, ja Tabubruch in eroticis wie in der Musik konnten sich die Schwesterkünste, allen voran Literatur und bildende Kunst, in der Vergangenheit nicht leisten – wollten sie nicht von der Zensur auf Schwarze Listen gesetzt werden. Vielleicht lässt sich im Klingenden über die Zeiten hinweg etwas erahnen, was sich zwischen Liebenden (noch) nicht zur Sprache bringen lässt. So wäre es kein Zufall, dass Liebende zuweilen im Medium der Musik kommunizieren zwischen der Zueignung von Liedern oder dem Zusammenschneiden von Mixtapes. Texte reden von Liebe, Töne umkreisen die Nuancen des letztlich Unsagbaren. Auf nichts anderes zielt der keineswegs triviale Gemeinplatz, Musik sei die Sprache der Gefühle, welcher der Geburt der Musik als autonomer Kunst im Zeitalter der Aufklärung in die Wiege gelegt wurde und die Gebildeten unter den Musikliebhabern seitdem zum Widerspruch herausforderte, denn Gefühle sind stets unwegsames Terrain.

Kaum ein Thema ist so präsent in der musikalischen Lyrik – im Popsong, im romantischen Lied, in der Ballade und im Minnesang – wie die Liebe mit ihren Ekstasen, Verwicklungen, Missverständnissen und Abgründen; als Sujet im Musiktheater oder als (geheimes) Programm von Instrumentalwerken ist sie gleichermaßen beliebt. Wenn es eine Obsession in unserer Kultur gibt, dann ist es die Besessenheit von der Liebe, von der sinnlichen, biologisch-arterhaltenden bis zur geistigen oder gar geistlichen Form. Und so dominiert dieses Thema auch weite Teile der Literatur und bildenden Kunst, selbst die Skulptur zeugt vom Begehren des Körpers nach einem anderen.

Tatsächlich aber scheint es mit der Musik eine besondere Bewandtnis zu haben. Wenn Niklas Luhmann darauf hinweist, dass das „Medium Liebe" selbst „kein Gefühl, sondern ein Kommunikationscode" sei, „nach dessen Regeln man Gefühle ausdrücken, bilden, simulieren, anderen unterstellen, leugnen [...] kann", es sich mithin um ein „Verhaltensmodell" handele,[1] könnten die Gehalte, welche dieser Code zu strukturieren hilft, in den Künsten, und hier allen voran

---

[1]   Niklas Luhmann: *Liebe als Passion. Zur Codierung von Intimität*, Frankfurt a. M. 5. Aufl. 1999, 23.

in der Musik zu finden sein. Jugendliche, so die geläufige Annahme in unserer Zeit, entdecken erstmals die Liebe. Doch schon das Wort vom Teenager verweist auf einen neuen Zusammenhang von Lebensalter, Liebe und Musik. Mit der Erfindung des Teenagers als Umdeutung des ‚Halbstarken' oder ‚Rowdies' im Zeichen der popkulturellen Wende in der zweiten Hälfte des 20. Jahrhunderts entsteht mit der ersten Musikkultur von jungen Menschen für junge Menschen eine nie dagewesene Unmittelbarkeit des Bezuges zwischen ästhetischer Artikulation und der Ausdifferenzierung der Gefühlswelten im Wechselspiel zwischen Produktion und Rezeption, welche in ihrer Zuspitzung erhellend zurückscheint auf vergleichbare Zusammenhänge in der Vergangenheit.

Wer die erotische Liebe erstmals in all ihren Facetten erlebt, dem oder der gibt die Musik Halt, wer im Liebesschmerz Trost und Verständnis sucht, desgleichen, und wer verliebt ist, für den werden auf unerklärliche Weise nahezu jegliche Klänge zum Signum des eigenen Verliebtseins (oder der geliebten Person). Das vielzitierte „sie spielen unser Lied" ist mittlerweile zum Klischee geronnen, verweist aber überdeutlich auf die Komplizenschaft zwischen Musik und Liebe; und wenn „unser Lied" nach Jahren oder Jahrzehnten, lange, nachdem die einst geliebte Person aus dem eigenen Leben wieder verschwunden ist, Emotionen auslöst, so ist auch der Stoff ‚Liebe' offenbar noch nicht ganz aufgebraucht. Vielleicht löst sich in diesem verwandelten Akt der Ars memoria sogar das mit Klingendem verwobene Gefühl von realen Personen ab und wird so auf eine ganz eigene Weise unsterblich. Wenn gilt, dass „music be the food of love", um mit Shakespeare zu sprechen, so sollte sie tatsächlich weiterspielen („play on"), um die Energien weiterhin fließen zu lassen und das geliebte Subjekt im Ästhetischen zu transzendieren.

Liebe, als „ganz normale Unwahrscheinlichkeit",[2] ist – noch einmal Luhmann – „das Erleben des Erlebens und verändert damit die Welt als Horizont des Erlebens und Handelns."[3] An anderer Stelle ergänzt er, dass dies „mit der ihr eigenen Totalität" geschehe. Die Liebe, so der Soziologe, „verleiht gewissen Dingen und Ereignissen, Personen und Kommunikationen eine besondere Überzeugungskraft."[4] So wird Musik, und zwar sicherlich nicht erst seit der Individualisierung des Höraktes durch den Walkman, nicht nur zum Soundtrack individuellen Liebens und Leidens, sondern hilft zugleich, die Banalität des Alltäglichen zu verzaubern: „Musica docet amorem."[5]

---

[2]   Ebd., 10.

[3]   Ebd., 30.

[4]   Niklas Luhmann: *Liebe. Eine Übung*, hg. von André Kieserling, Frankfurt a. M. 2008, 16.

[5]   Vgl. auch *Amor docet musicam: Musik und Liebe in der frühen Neuzeit*, hg. von Dietrich Helms und Sabine Meine, Hildesheim u.a. 2012.

„Unvermeidlich" schließlich, so Luhmann, ist das Ende der Liebe:

> „Das Wesen selbst der Liebe, der Exzeß, ist der Grund für ihr Ende [. . .]. Fast
> ist die Erfüllung schon das Ende, fast muß man sie fürchten und hinauszuzögern
> oder zu vermeiden suchen. [. . .] Eben deshalb muß der Widerstand, der Umweg,
> die Verhinderung geschätzt werden, denn dadurch allein gewinnt die Liebe
> Dauer. [. . .] Die Liebe aber existiert nur im ,noch nicht'. [. . .] Nichts wäre
> abwegiger als bei Liebe an Ehe zu denken."[6]

Auch Musik – und das gilt selbst für John Cages mehrere Jahrhunderte dauern-
des Orgelstück *As Slow As Possible, ORGAN²/ASLSP* – kommt unweigerlich
an ihr Ende, und das Hinauszögern desselben durch Widerstände und Umwege,
durch das Wecken von Erwartungen oder das (Ent-)Täuschen derselben gehört
zum kompositorischen Metier. Liebe und Musik sind, um mit Ernst Bloch zu
sprechen, stets im „Noch-nicht". Gleichzeitig überwinden sowohl Liebe als auch
Musik die Trauer über die Endlichkeit, indem sie eine eigene Form von Zeitlichkeit hervorbringen, die sich jeweils trotzig gegen die physikalische Zeit, mithin
die Vergänglichkeit des Lebens, stellt – freigesetzt wird Unendliches. ,Erfül-
lung' ist auch in der Musik nur selten anzutreffen, der Höhepunkt währt kurz,
die ,schöne Stelle' ist schnell vorbei, aber um sie zu erleben, hat sich das mü-
hevolle Ausharren mehr als gelohnt. Wenn Jean Baudrillard 1984 notiert, dass
„[n]ichts [. . .] dem äußerst angenehmen, schwindelerregenden und unbegreif-
baren Gefühl, das entscheidende Moment irgendeiner Situation zu sein, ohne
dafür etwas zu tun", näherkomme „als die Empfindung, einem auf den ersten
Blick zu gefallen", und dies zugleich „der einzige Beweis, den wir für die Exis-
tenz Gottes haben", sei,[7] so ist damit zugleich eine treffende Charakterisierung
des musikalischen ,Einstands' formuliert – in solchen Momenten steht die Zeit
still, etwas ist eingerastet, für Sekunden ist der Tod aufgehoben. Hier berühren
sich das utopische Potential der Liebe und der Musik.

Sowohl die Liebe als auch die Musik existieren in der Zeit, beide zwingen
den ihnen Verfallenen ihre jeweilige Zeitlichkeit auf und vermögen dabei eigene, mitunter exterritoriale Räume zu erschaffen, und wenn es abwegig ist, bei
der „Liebe an Ehe zu denken", so lässt sich der schöne musikalische Augenblick
durch kein Abonnementskonzert der Welt und durch keine institutionalisier-
te musikalische Feierstunde, aber auch, wie erwähnt, durch keine Aufnahme
1:1 einfangen. Liebe und Musik sind per se unverfügbar, lassen sich nicht wil-
lentlich verstetigen, und für beide ist „Resonanz" (Hartmut Rosa) essentiell.[8]
Wenn Orpheus seine Geliebte Euridice durch einen einzigen Blick verliert, so

---

6 Luhmann: *Liebe als Passion* (wie Anm. 1), 90.
7 Jean Baudrillard: *Laßt euch nicht verführen!*, aus dem Frz. von Martin S. Leiby, Berlin
   1983, 91.
8 Vgl. auch Roland Barthes: *Fragmente einer Sprache der Liebe* [1977], Frankfurt a. M.
   1986, 204: „Wie ein schlechter Konzertsaal ist auch der affektive Raum mit toten Winkeln
   durchsetzt, in die der Klang nicht mehr hineinreicht."

hat er damit entweder als Künstler versagt oder wird angesichts seines irdischen Kampfes gegen die Vergänglichkeit (der Liebe) von den Göttern zur Ordnung gerufen, sich auf seinen Dienst an der der Unsterblichkeit der Musik zu besinnen.

Doch wie die Musik, so ist auch die Liebe zugleich ein Diskurs, der sich an je spezifischen gesellschaftlichen Orten und historischen Situationen unterschiedlich ausprägt: Was Liebe ist und als solche definiert wird, mit welchem Selbstverständnis diese versehen und wie sie empfunden wird, ist, worauf vor allem in den vergangenen Jahren vielfach hingewiesen wurde,[9] wandelbar. Was noch im 16. und 17. Jahrhundert als Krankheit galt, der Liebeskummer, wurde im 18. und 19. zum Beweis einer schönen, weil empfindsamen Seele stilisiert. Auch die Eifersucht ist ein Gefühl, das stark von der (gesellschaftlichen, kulturellen) Interpretation eines Geschehens geprägt ist: Wer sich von seiner Umgebung ob seiner vermeintlich verletzten Ehre geächtet fühlt, reagiert womöglich heftiger; das Duell erscheint in dieser Situation als der einzige Ausweg. Dass Liebe und Sexualität miteinander aufs engste verknüpft werden und das eine angekränkelt erscheint, wenn das andere (und sei es für eine begrenzte Zeit) in den Hintergrund rückt, ist bekanntlich Teil der Verbürgerlichung menschlichen Zusammenlebens, keinesfalls aber ‚natürliche Tatsache‘.

Auf welche Weise sich die Verflechtungen von Musik und Liebe manifestieren, dies loten die in diesem Bändchen versammelten sieben Beiträge aus. Dass zwischen geistlicher, geistiger und sinnlicher Liebe in der geistlichen vokalen Einstimmigkeit des Mittelalters, etwa im *Hohelied*, mitunter kaum zu trennen ist, zeigt Roman Hankeln. Sabine Meines Beitrag zeichnet nach, auf welche Weise die kontroversen Debatten im Venedig der damaligen Zeit um Liebe und Herrschaft sich in Monteverdis *Krönung der Poppea* – und hier insbesondere im abschließenden Liebesduett – spiegeln. Wie sehr sich die Liebesdiskurse in Deutschland und Frankreich, hier verkörpert durch Clara Schumann und Franz Liszt, im 19. Jahrhundert voneinander unterscheiden, analysiert Beatrix Borchard anhand der filmischen Interpretation (und Inszenierung) des Liedes *Widmung*. Christoph Flamms Beitrag widmet sich den unterschiedlichen musikalischen Manifestationen von Erotik im *Fin de siècle* bei Alexander Skrjabin, Ernst von Dohnányi und Claude Debussy. Während Matthias Tischer zeigt, auf welche Weise die musikalischen Chiffren für ‚Liebe‘ von der Instrumentalmusik des 19. in die Filmmusik des 20. Jahrhunderts gelangt sind, handelt Britta Sweers Text von den Abgründen der Liebe in den sogenannten Child-Balladen aus England und Schottland. Nina Noeske schließlich widmet sich in ihrem Streifzug den unterschiedlichen kompositorischen Manifestationen des ‚Kusses‘ von Schubert bis zur Gegenwart.

---

[9]   Vgl. u.a. Eva Illouz: *Warum Liebe weh tut. Eine soziologische Erklärung*, aus dem Engl. von Michael Adrian, Berlin 2011.

Gedankt sei insbesondere den Studierenden der Hochschule für Musik und Theater Hamburg, die zum Seminar „Musik und Liebe" Essentielles beigesteuert haben. Wir widmen dieses Buch Michael Berg.

Nina Noeske und Matthias Tischer, im Sommer 2021

Gibt's nicht? –
‚Liebe' in den Offiziumsgesängen des Mittelalters

Roman Hankeln

Gibt es die Liebe in der geistlichen Vokalmusik des Mittelalters? – Aus dem Abstand von mehr als einem Jahrtausend scheinen uns der geistlich geprägte mittelalterliche Wertehorizont und seine Sexualmoral als dem Thema diametral entgegengesetzt. Im Folgenden möchte ich jedoch demonstrieren, dass dieser Eindruck täuscht. Meine Beispiele stammen aus dem Repertoire jener mittelalterlichen einstimmigen Kirchenmusik, die im Stundengebet (dem ‚Offizium') aufgeführt wurde, also einem Repertoire, in dem man das Thema ‚Liebe' wohl am wenigsten erwartet.

Das Offizium wurde in den Kirchen und Klöstern Europas jahraus jahrein, Tag und Nacht gefeiert. Es war die Hauptaufgabe der Kleriker und Mönche, in diesem Rahmen Psalmen zu rezitieren und Lesungen aus der Bibel oder aus den Heiligenlegenden zu hören. Zu den Psalmen und Lesungen kamen zahlreiche Gesänge hinzu, d. h. Antiphonen, Responsorien und Hymnen. Die ältesten überlieferten Schichten dieses Gesangsrepertoires gehen auf die karolingische Zeit zurück, also das 8. und 9. Jahrhundert. Die liturgische Einstimmigkeit dieser Zeit ist auch als ‚Gregorianischer Choral' bekannt. Die Produktion von Gesangszyklen für die Feier des Offiziums war mit dem 9. Jahrhundert nicht abgeschlossen. Sie ging weiter, bis ins 16. Jahrhundert. Auf dem Feld der Offiziumskomposition begegnen wir deshalb einer mehrere Jahrhunderte überwölbenden Gesangskunst, in der die Gregorianik zwar ein wichtiges, keineswegs aber das einzige Teilrepertoire darstellt.[1]

Die Psalmen, die übrigen Bücher der Bibel sind keineswegs frei vom Thema Liebe. Erst recht nicht die Heiligenlegenden. Ganz im Gegenteil. Hauptthema der Bibel ist ein Liebesverhältnis, nämlich das zwischen Gott und den Menschen. Und weil es auch um Menschen geht, ist nichts Menschliches der Bibel fremd, schon gar nicht die Liebe. Wir begegnen der Liebe in der Bibel als Liebe zwischen Eheleuten, zwischen Eltern und Kindern, der Liebe zwischen Liebhabern, wir begegnen Erotik, Eifersucht und Leidenschaft.[2] Man erwarte

---

[1]   Weiterführend zum Thema s. etwa: Walter Berschin/David Hiley (Hg.): *Die Offizien des Mittelalters. Dichtung und Musik*, Tutzing 1999 (Regensburger Studien zur Musikgeschichte, 1).

[2]   Zu den theologischen Grundlagen bzw. relevanten Bibelstellen s. Art. Liebe, in: Gerhard Krause/Gerhard Müller (Hg.): *Theologische Realenzyklopädie*, Bd. 21, Berlin, New York, 1991, 121–191, insb. Abschnitte II., III., IV., V. und VIII., sowie die Art. *Liebe* (insb. Abschnitt II.) und *Liebe zu Gott* (Abschnitte I., II., III., IV.), in: Hans Dieter Betz/Don S. Browning/Bernd Janowski/Eberhard Jüngel (Hg.): *Die Religion in Geschichte und Gegenwart. Handwörterbuch für Theologie und Religionswissenschaft*, Bd. 5, Tübingen 2002, Sp. 335–349 und 350–359.

von mir nun keine systematische theologische Diskussion des Themas Liebe. Als Musikwissenschaftler habe ich lediglich vor, über jene Gesänge zu sprechen, die zusammen mit den Psalmen und Lesungen im Offizium aufgeführt wurden, d.h. die sogenannten Antiphonen und Responsorien. Die Texte dieser Antiphonen und Responsorien basieren oft auf biblischen Passagen oder auf Passagen aus Heiligenlegenden. Die Gesänge nehmen die Bibel und die Legenden sozusagen in Auszügen in den Mund. Deshalb geht es natürlich auch um Liebe. Das macht diese Gesänge für kulturhistorische und kulturanthropologische Interpretationen interessant. Wir können hier nämlich untersuchen, wie die Texte der Bibel und der Legenden musikalisch umgesetzt worden sind, wie die Medien Text und Musik interagieren. Darum geht es jetzt: Ich möchte mit einigen Aspekten des Themas Liebe in diesen Gesangstexten bekannt machen und zugleich fragen, wie diese thematischen Aspekte sprachlich und musikalisch artikuliert worden sind.

Biblische Aussagen zum Thema Liebe

„Gott ist Liebe, und wer in der Liebe bleibt, bleibt in Gott, und Gott bleibt in ihm [...]." Mit diesen Worten begann die Enzyklika *Deus caritas est* von Papst Benedikt XVI. im Jahre 2005. Hier zitierte der damalige Papst eine Stelle aus dem ersten Johannesbrief (1 Joh. 4,16) – und das natürlich nicht zufällig. In ihrem Fokus auf die Liebe kann die Stelle ja als Definition der Natur Gottes angesehen werden und zugleich als Definition der Rolle des Menschen aus christlicher Perspektive.[3] Christen glauben, dass das Heil der Welt im gegenseitigen Liebesverhältnis zwischen Gott und den Menschen liegt. Aus der Sicht des Apostels Johannes ist die Liebe Gottes eine unbedingte Liebe. Sie findet ihren höchsten Ausdruck darin, dass Gott seinen Sohn Jesus Christus in die Welt gesandt hat, um durch dessen Hinrichtung die Erbsünde stellvertretend für die ganze Menschheit zu sühnen: „Daran haben wir die Liebe erkannt, daß Er sein Leben für uns hingegeben hat." (1 Joh. 3,16)[4] Auf Erden findet die Liebe zu Gott ihr Pendant im Liebesgebot Christi: „Das ist mein Gebot: Liebt einander, so wie ich euch geliebt habe." (Joh. 15,12) Das sind zentrale Aussagen mit enormer theologischer Tragweite. In der Musikgeschichte haben sie immer wieder eindrucksvolle Vertonungen erhalten. Berühmt ist etwa Heinrich Schütz' Motette *Also hat Gott die Welt geliebt* (SWV 380); Thomas Tallis' berühmtes Anthem *If ye love me* basiert auf einer thematisch ähnlichen Stelle (Joh. 14,15–21).

---

[3]   Papst Benedikt XVI.: *Enzyklika Deus caritas est*,
        URL: http://w2.vatican.va/content/benedict-xvi/de/encyclicals/documents/hf_ben-xvi_enc_20051225_deus-caritas-est.html (abgerufen am 01.08.2017).
[4]   Als Ausgabe für die Bibelzitate benutze ich: *Die Bibel. Altes und Neues Testament. Einheitsübersetzung*, Freiburg, Basel, Wien 1997.

Es gibt aber viel ältere Vertonungen dieser Texte. Wir finden sie bereits im karolingischen Offiziumsrepertoire um 800. Dort haben diese Textabschnitte sehr schlichte Vertonungen erhalten (Notenbeispiele 1–3).

Notenbeispiel 1: Samstag nach der Pfingstoktav, Vesper, zum Magnificat, Antiphon: [1] Gott ist Liebe [2] und wer in der Liebe bleibt, [3] bleibt in Gott [4] und Gott in ihm, Alleluia. [1 Joh. 4,8b] – Übertragung aus: Einsiedeln, Stiftsbibliothek, Codex 611(89), Einsiedeln 1300–1314, fol. 123v.

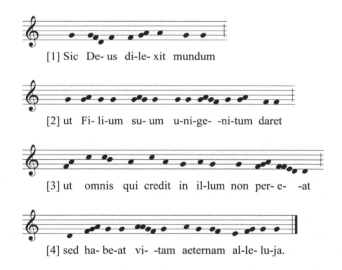

Notenbeispiel 2: Pfingstmontag, Antiphon: [1] So sehr hat Gott die Welt geliebt, [2] daß er seinen einzigen Sohn hingegeben hat, [3] damit alle, die an ihn glauben, nicht zugrunde gehen, [4] sondern das ewige Leben haben, Alleluia. [1 Joh. 3,16] – S. László Dobszay/Janka Szendrei (Hg.): *Monumenta Monodica Medii Aevi*, Bd. V, *Antiphonen*, Kassel u.a. 1999, Nr. 8361

(a)

[1] Hoc est prae-cep-tum me-um   [2] ut dili-ga-tis invicem

[3] sic-ut di-le- xi vos.

(b)

[1] Ecce   comple-ta sunt omni- a [2] quae dicta sunt per angelum

[3] de virgi-ne Ma-ri- a.

Notenbeispiel 3: (a) Commune apostolorum, Antiphon: [1] Dies ist mein Gebot: [2] daß ihr einander liebt, [3] wie ich euch geliebt habe. [Joh. 15:12] – Dobszay/Szendrei, *Antiphonen*, Nr. 8207. (b) Mariä Lichtmess, Antiphon: [1] Siehe: erfüllt wurde alles, [2] was vom Engel [3] über die Jungfrau Maria gesagt wurde. – Dobszay/Szendrei, *Antiphonen*, Nr. 8207

Es ist ein Kennzeichen dieser alten karolingischen Antiphonen, dass sie auf Formelmelodien basieren. Das heißt: Die Melodien dieser Gesänge wurden so, oder so ähnlich, auf verschiedene Texte gesungen.

Notenbeispiel 3a, die Antiphon *Hoc est praeceptum* und Notenbeispiel 3b, die Antiphon *Ecce completa* haben ganz unterschiedliche Textinhalte. In der ersten geht es um Christi Liebesgebot, in der zweiten um Maria. Trotzdem haben die Texte aber praktisch dieselbe Melodie. Das hat einen formalen und einen mnemotechnischen Hintergrund. Der Text der *Hoc est*-Antiphon (Notenbeispiel 3a) kann nämlich in drei Abschnitte untergliedert werden, die drei separate Kurzmelodien bekommen haben:

[1] Hoc est... Dies ist mein Gebot:
[2] ut diligatis... dass ihr einander liebt,
[3] sicut... wie ich euch geliebt habe.

Auch der Text von Notenbeispiel 3b, der Antiphon *Ecce completa*, besteht aus drei Abschnitten. Deshalb kann der Text auf dieselbe Melodieformel gesungen werden.

[1] Ecce... Siehe: erfüllt wurde alles,
[2] quae dicta sunt... was vom Engel
[3] de virgine... über die Jungfrau Maria gesagt wurde.

Eine solche Vertonung hat also nicht die Aufgabe, auf einzelne Textdetails einzugehen. Es geht nur darum, mit Hilfe der Musik die einzelnen syntaktischen Abschnitte deutlich zu machen.[5] Das hat u. a. die Funktion, solche und ähnliche Texte jedem einzelnen Sänger einzuprägen, abrufbar zu machen, auch, um sie im liturgischen Sinne der Verinnerlichung zuzuleiten.

Das Hohelied

Das Liebesverhältnis zwischen Gott und den Menschen hat nirgendwo eine so intensive Artikulation erfahren wie im *Canticum Canticorum*, dem Lied der Lieder, auch ‚Hohelied' genannt, bekanntlich ein Buch des Alten Testaments.[6] Wir wissen nicht genau, wann es entstanden ist, vielleicht zwischen dem 5. und 3. Jahrhundert vor Christus, manche Textabschnitte sind wohl älter.[7] Die Hoheliedtexte waren ursprünglich weltliche Liebesdichtung, darin ist man sich heute einig.[8] Im Hohelied scheint die erotische Dimension der Liebe voll auf. Es ist in den Kanon der jüdischen und christlichen biblischen Schriften wahrscheinlich nur deshalb geraten, weil es König Salomo zugeschrieben wurde.[9] Die Aufnahme des Hohelieds in den biblischen Kanon war denn auch nicht unumstritten.[10] In der Liturgie der lateinischen Kirche haben die Texte des Hohelieds trotzdem einen festen Platz erhalten. Man las nämlich spätestens seit dem Theologen Origenes (gestorben ca. 253) das Hohelied als Allegorie. Der Bräutigam des Hoheliedes wurde als Bild für Gott, die Braut als Chiffre für das auserwählte Volk Israel interpretiert.[11] Der einst weltliche Charakter dieser Texte wurde also radikal auf eine geistliche Deutung hin umgebogen.

Texte aus dem Hohelied gehören zur ältesten Schicht der karolingischen Offiziumsgesänge im 8. Jahrhundert. Sie wurden als Antiphonen und Respon-

---

[5] Zu diesem Text-Musik-Zusammenhang s. Diskussion und weiterführende Literatur in der vorzüglichen Publikation von Jürg Stenzl: *Der Klang des Hohen Liedes. Vertonungen des Canticum Canticorum vom 9. bis zum Ende des 15. Jahrhunderts*, 2 Bde., Würzburg 2008 (Salzburger Stier, 1), hier Textband, 35f.
[6] S. für das folgende Stenzl: *Der Klang*, Bd. 1, 13–20, hier 14.
[7] Vgl. ebd.
[8] Vgl. ebd.
[9] S. ebd., 13.
[10] Vgl. ebd., 15.
[11] Vgl. ebd.

sorien oft an Festen für Maria gesungen. Die Offiziumsgesänge assoziierten die Braut des Hohelieds also vor allem mit Maria. Das ist bemerkenswert, denn in den früheren und den zeitgenössischen (karolingischen) Kommentaren (etwa bei Beda Venerabilis) wurde das Hohelied noch nicht mariologisch gelesen. Erst dreihundert Jahre später, im 11. und vor allem im 12. Jahrhundert liessen sich Theologen wie Rupert von Deutz (1075/80–1129/30) und Honorius Augustodunensis (ca. 1090–1156) von den Gesangstexten des Stundengebets anregen und deuteten die Braut des Hohelieds ausdrücklich als Chiffre für die Gottesmutter.[12]

Jürg Stenzl spricht von einem alten karolingischen Grundbestand von 55 Antiphonen mit Texten aus dem Hohelied.[13] Diese Antiphonen sind vor dem Jahr 1000 in den theoretischen Schriften und den liturgischen Gesangbüchern greifbar. Doch um die Jahrtausendwende war die Produktion von Gesängen auf Texte aus dem Hohelied noch längst nicht abgeschlossen. Sie ging weiter bis ins Spätmittelalter. Vor allem im 12. Jahrhundert sind viele neue Hoheliedgesänge entstanden, also genau in jener Zeit, als die Interpretation des Hohelieds als Marienallegorie theologische Mode wurde.

Die karolingische Zeit und das Ende des Mittelalters im 16. Jahrhundert sind durch mehr als fünf Jahrhunderte getrennt. Wir können deshalb innerhalb der Hoheliedvertonungen eine große Stilvielfalt beobachten. Dies sei anhand von nur zwei Beispielen verdeutlicht; einer Antiphon aus der ältesten, karolingischen Schicht und einer Antiphon aus dem 14. Jahrhundert.

Die Antiphon *Nigra sum, sed formosa* (Notenbeispiel 4) wird um 900 vom Musiktheoretiker Regino von Prüm erwähnt. Ihr Text steht noch ohne Noten im sogenannten Antiphonar von Compiègne, das um 880 datiert wird. Mit Neumen erscheint *Nigra sum* erstmals um 1000 im Antiphonar des Mönchs Hartker von St. Gallen.[14] Die Antiphon war später praktisch in ganz Europa verbreitet und wurde an Festen weiblicher Heiliger und an Marienfesten gesungen.

Für das Mittelalter ging es hier, wie Jürg Stenzl mit Hilfe einer Predigt Bernhards von Clairvaux zeigt, nicht um eine pikante Affäre zwischen einem König und einer farbigen Schönheit, sondern im übertragenen Sinne um die Gegenüberstellung zwischen innerem und äußerem Wesen, zwischen der schönen Seele und dem fehlerhaften „schwarzen" Körper, um eine Lebensführung nach ethisch-moralischen Prinzipien, bei der physische Schönheit nebensächlich ist.[15] Die ‚Vertonung' dieses Textes (Notenbeispiel 4) ist traditionell gregorianisch. Wie die vorigen Beispiele ist sie eine Formelmelodie. Solche Vertonungen haben einen musikalisch neutralen Charakter. Es geht nicht um eine spezifi-

---

[12]   Vgl. ebd., 22f.
[13]   Vgl. ebd., 27f.
[14]   S. die Angaben in der Tabelle ebd., 27, Nr. 63.
[15]   Vgl. die ausführliche Besprechung dieser Antiphon und ihres Deutungshorizonts in ebd., 16f., 36f.

sche musikalische Umsetzung einzelner Wortinhalte, schon gar nicht um die Nachahmung von Emotionen.

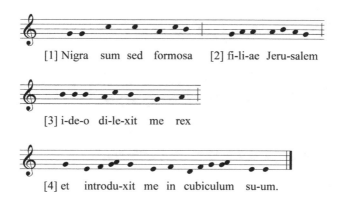

Notenbeispiel 4: Antiphon *Nigra sum sed formosa*: [1] Schwarz bin ich, doch schön, [2] Töchter Jerusalems, [3] deshalb hat mich der König geliebt [4] und mich in sein Schlafgemach geführt. [Hohelied 1,4 und 1,3] – Dobszay/Szendrei, *Antiphonen*, Nr. 3023*

Die frühesten Quellen für die Antiphon *Osculetur* (Notenbeispiel 5) erreichen uns aus dem 14. Jahrhundert.[16] Ich übertrage das Stück aus einer Salzburger Quelle dieser Zeit. Dort ist es Teil einer kleinen Nachtrags-Sammlung von Antiphonen aus dem Hohelied, die mit „Ant[iphonae] de canticis" überschrieben ist.[17] Die Überschrift dürfte sich hier nicht auf die Herkunft der Texte aus dem *Canticum canticorum* beziehen, sondern ein Hinweis auf die Funktion dieser Gesänge sein. In der Quelle gehen – als Abschluss eines Tonars – nämlich die Töne für die Rezitation der biblischen Cantica voraus, d.h. für das *Magnificat* (Lk 1,46–55; zu rezitieren am Ende der Vesper) und das *Benedictus* (Lk 1,68–79, zu rezitieren am Ende der Laudes). Es ist also anzunehmen, dass die Überschrift „de canticis" einen Hinweis darauf gibt, dass diese Antiphonen als Rahmengesang zu den sogenannten biblischen „Cantica", zum *Magnificat*, bzw. zum *Benedictus* zu singen waren.[18] Liturgischer Aufführungsort solcher Gesänge waren wohl die zahlreichen Zusatzoffizien zur Ehre der Gottesmutter, wie sie ab dem 11. Jahrhundert immer häufiger wurden.[19]

---

[16]   Der Cantus-Index gibt für *Osculetur* die ID-Nr. 203745. Darunter finden sich die Quellen A-Gu 30 (14. Jh.) und A-VOR 287 (14. Jh.), die von mir benutzt wurde. Der Verweis auf GB-WO F.160 ist nicht korrekt. Die Aufzeichnung bietet eine andere Melodie. Bei Stenzl: *Der Klang* (wie Anm. 5), Bd. 2, 118, trägt *Osculetur* die Nr. 70b. Es erscheinen Quellen des 15. und 16. Jahrhunderts.

[17]   Fol. 288r. Es existiert eine Einspielung der Antiphon, vgl. Tonträgerverzeichnis am Ende des Beitrags.

[18]   Die Auflistung dieser Stücke im Cantus-Index allein als Magnificatantiphonen ist also nicht ganz korrekt. Vgl. http://cantus.uwaterloo.ca/index?source=123643 (01.08.2017).

[19]   Vgl. die Besprechung dieser Aufführungskontexte bei Stenzl: *Der Klang* (wie Anm. 5), Bd. 1, 74–83.

Notenbeispiel 5: Canticaantiphon in Vorau, Stiftsbibliothek ms. 287 (Salzburg 14. Jh.), f. 289v; Antiphon: [1] Er küsse mich [2] mit dem Kusse seines Mundes. [3] Denn besser [4] sind deine Brüste als Wein, [5] [besser] als der Duft der besten Salbe. [6] Wie ausgegossenes Salböl ist dein Name. [7] Deshalb lieben dich die jungen Frauen.

Hier liegt eine freie Komposition vor, die durch ihre enorm melismatische Umsetzung, den großen Ambitus, nicht zuletzt aber auch ihre Textur beeindruckt. Die Melodie ist nämlich ganz aus kleinen Melodiebausteinen zusammengesetzt, die wörtlich oder in Abwandlung wiederkehren (die Bausteine sind im Notenbeispiel 5 mit Buchstaben über den Systemen gekennzeichnet). Wir begegnen einer solchen Segmenttechnik im Melodienbau etwa ab dem 12. Jahrhundert. Manche Segmente werden sogar unmittelbar wörtlich wiederholt. Ein Beispiel ist Segment c1 in Phrase 6. Aus seiner zweimaligen Wiederholung besteht die ganze Phrase. Solche klare Wiederholung ist im 12. Jahrhundert ultramodern. In der traditionellen Gregorianik war so etwas ganz unmöglich.

Wie hängen Text und Musik in diesem Gesang zusammen? Zunächst zur Textstruktur. Ich sehe hier vier vollständige Sätze:

Satz 1. [1] Er küsse mich [2] mit dem Kusse seines Mundes.
Satz 2. [3] Denn besser [4] sind deine Brüste als Wein, [5] [besser] als der Duft der besten Salbe.
Satz 3. [6] Wie ausgegossenes Salböl ist dein Name.
Satz 4. [7] Deshalb lieben dich die jungen Frauen.

Vielleicht bilden Satz 1 und 2 einen einzigen langen Satz: „Er küsse mich mit dem Kusse seines Mundes[,] denn besser..." usw. Satz 3 und 4 könnten ebenfalls zusammengehören: „Wie ausgegossenes Salböl ist dein Name[,] deshalb lieben dich [...]". Der Komponist hat aber anders organisiert. Er gliedert den Text in drei Teile. Ich gelange zu dieser dreiteiligen Form, weil die Teile mit fast denselben Melodiesegmenten beginnen und mit ähnlichen Melodiesegmenten enden. Teil I (Phrase 1) beginnt mit Segment a1. Teil II (Phrase 3) beginnt mit der Variante a2. Teil III (Phrase 7) hat wieder Segment a2. Alle drei Teile enden mit dem Grundton der Tonart, D, wirken also musikalisch abgeschlossen. Für diese Endungen werden ganz ähnliche Melodiephrasen verwendet. Am Ende von Teil I (in Phrase 2) hören wir die Kombination d1 b1. Am Ende von Teil II (in Phrase 6) hören wir die Kombination d2 e b2. Am Ende von Teil 3 die Endung d1 b2.

Das wiederholte Melodiematerial teilt den Text also folgendermaßen auf:

Teil I, Phrasen 1–2. Erster Satz: [1] Er küsse mich [2] mit dem Kusse seines Mundes. Ich interpretiere diesen Teil als einen separaten Einleitungsteil. Nur hier finden wir nämlich das Melodiesegment b1, das das tiefe A berührt.

Teil II, Phrasen 3–6. Zweiter und dritter Satz in Kombination. Satz 2: [3] Denn besser [4] sind deine Brüste als Wein, [5] [besser] als der Duft der besten Salbe. – Satz 3: [6] Wie ausgegossenes Salböl ist dein Name.

Teil III, Phrase 7. Vierter Satz: [7] Deshalb lieben dich die jungen Frauen.

Innerhalb der Phrasen herrschen starke Kontraste zwischen hohen und tiefen Melodieabschnitten. Phrase 2: Das Wort „osculo" liegt eine Oktav höher als „oris sui" (seines Mundes). Phrase 5: Das Wort „fraglancia" (Duft) liegt eine Oktav höher als „ungentis optimis" (der besten Salbe). Phrase 6: Die Worte „oleum effusum" (ausgegossenes Salböl) liegen eine Oktav höher als der Beginn von „nomen tuum" (dein Name). Die Kontraste akzentuieren natürlich die hoch liegenden Worte am Beginn der Phrasen. Hinzu kommen noch Worte, die durch besondere Höhenlagen unterstrichen werden: in Phrase 3 das Wort „meliora" (besser); in Phrase 7 das Wort „ideo" (deshalb). Die Musik akzentuiert hier also den Text: In den Phrasen 1 und 2 werden das Verb „osculetur" und das Substantiv „osculo" hervorgehoben. In den Phrasen 3 und 4 wird unterstrichen, dass die „ubera", die Brüste, besser seien als Wein (s. das lange Melisma über „meliora"). In Phrase 5 wird der Duft der Salbe herausgestellt – „fraglancia"; in Phrase 6 das ausgegossene Öl – „oleum effusum". Phrase 7: Die enorme Betonung des Wortes „ideo" (deshalb) führt uns zur Folgerung hin: *Deshalb – aufgrund all dessen* lieben dich die jungen Frauen.

Wie haben wir einen solchen Gesang zu verstehen? Ist das erotische Musik? Bevor wir das beantworten können, müssen wir fragen, worum es im Text eigentlich geht, und auch, wer eigentlich spricht. Wenn wir den Text ganz wörtlich übersetzen, ist das nämlich gar nicht klar. Er beginnt ja mit der dritten Person, „Er": „Er küsse mich. . . " Wir nehmen an: Eine Frau spricht. Ab Phrase 3 wechselt aber die Perspektive zur zweiten Person, zum „Du": „Deine Brüste sind besser als Wein." Wer spricht? Spricht „Sie" von den Brüsten des Liebhabers? Oder „Er" von ihren? – Phrase 7 lautet: „deshalb lieben dich die jungen Frauen." Wir fragen: Lieben die Mädchen den Liebhaber oder die Geliebte?

Wie haben die mittelalterlichen Sänger diesen Text verstanden? Erotisch im *weltlichen* Sinne wohl nicht (oder jedenfalls nicht offiziell). Wenn die Antiphon als Einleitung zum *Magnificat* benutzt wurde, Marias Hochgesang, ging es ja ganz konkret um eine Meditation über Maria. Wie diese Meditation gedanklich ausgesehen haben mag, möchte ich anhand einer Passage zeigen, die aus dem *Horologium sapientiae* des Dominikanerpredigers und Mystikers Heinrich Seuse (1295/6–1366) stammt. Das Buch ist wohl 1333 in Konstanz geschrieben worden, also vermutlich in der Zeit, aus der auch die Antiphon stammt. Seuse meditiert im *Horologium* unter anderem über das Verhältnis zwischen Christus und Maria. Dabei kommt er wörtlich auf unsere Stelle zu sprechen:

> „O selig die Brüste, die Christus, den Herrn, nährten! Eurer Fülle und
> eurer reichen Fruchtbarkeit wegen nämlich frohlocken die Himmels- und
> Erdenbewohner und werden durch eure süßen Früchte erneuert. [...] Sie-
> he, wie der Schöpfer des Universums den Himmelskörper mit Sternen
> schmückte [...], so schmückte er über alledem deinen Körper, gesegnete
> Jungfrau, mit den heiligsten Brüsten. Sie sind zwei Ölbäume, schön und
> reich behangen, die denen auf der Erde und im Himmel den Saft der
> Gnade, Milch und Honig zu trinken geben. [...] Denn deine Brüste sind
> besser als Wein, sie duften nach dem besten Salböl. Denn im Wein ist
> Ausschweifung und irdische Freude, in diesen goldenen Trinkschalen aber
> liegt das gänzliche Erlöschen schädlicher Begierde, liegt himmlische und
> übernatürliche Ergötzung."[20]

In diesem allegorischen Sinne geht es im Kontext dieser Antiphon zum Magnificat wohl um das innige Verhältnis zwischen Christus und Maria, darum, dass
in Maria ein Mensch die höchste Gottesnähe erreicht hat und mit dieser Gnade und Weisheit nun die ganze Menschheit „nährt". Physische Schönheit steht
hier als Chiffre für moralische Schönheit, die augenscheinliche Lust der Sinnes-
eindrücke als Chiffre für die Gnade möglicher Vereinigung zwischen Gott und
Mensch. (Da spielt die oben angesprochene Verwirrung der Personen offenbar
keine allzu große Rolle.)

    Zurück zur Musik. Ich habe die vielen wiederholten musikalischen Segmente
erwähnt. Wir hören ständig Wiederholungen von Gleichem oder Ähnlichem, ein
Netz an Querverbindungen. Zum Teil, sagte ich, unterstreichen diese Wiederholungen die formale Struktur. Wir hören fast dasselbe Material am Beginn
und am Ende der Hauptabschnitte. Die Wiederholungen können aber auch
quer durch die Abschnitte und Phrasen gehen. Das geschieht am deutlichsten
in den Phrasen 6 und 7. In ihnen kehrt die Serie der Segmente f f g wörtlich wieder. Diese Musik bildet so eine fluktuierende Klangfläche aus bekannten, leicht
veränderten und unbekannten Melodiebausteinen. Vielleicht hat diese Kom-
positionsmethode das Ziel, aus wenig Melodiematerial auf ökonomische Weise
ein kohärentes Ganzes zu schaffen. Es entsteht ein ornamentales Gewebe, ein
exquisiter Untergrund für den Text. Zugleich bietet sie aber auch die Möglichkeit, einzelne Textelemente durch intensive Kontraste hervorzuheben (s. o.). In
dieser Hinsicht bieten die flamboyanten Stücke dieser Art eine deutliche Weiterentwicklung gegenüber der ‚neutralen' Vertonungsweise der traditionellen
karolingischen Formelantiphonen.

---

[20]   Heinrich Seuse: *Stundenbuch der Weisheit. Das ‚Horologium Sapientiae'*, übers. von
    Sandra Fenten, Würzburg 2007, 136–138.

Heilige: Geliebte Gottes

Am Ende meines Beitrags möchte ich jene Offiziengesänge streifen, die explizit
an den Festtagen von Heiligen gesungen wurden. Was die Liebe angeht, sind
die Heiligen nämlich etwas Besonderes. Sie leben in der idealen Liebe zu Gott.
Sie halten seine Gebote in äußerster Konsequenz. Dadurch werden sie zu ‚Geliebten Gottes‘. Viele Gesangstexte für Heilige beginnen deshalb tatsächlich
mit den Worten „dilectus oder dilecta dei" (Geliebter oder Geliebte Gottes).
Das unterstreicht natürlich den Status dieser heiligen Geliebten textlich und
musikalisch.[21] Oben habe ich das Hohelied als Allegorie des Liebesverhältnisses
zwischen Gott und Menschheit erwähnt. Im neuen Testament wird dieses ideale
Liebesverhältnis im Bild der Hochzeit zwischen dem Gotteslamm Christus und
der ganzen Kirche ausgedrückt. Die Johannesoffenbarung bietet eine Schilde-
rung dieses großen Hochzeitsfestes am Ende der Zeiten. Die Heiligen erhalten
hier Ehrenplätze.[22] Der Vergleich des Liebesverhältnisses zwischen Gott und
Menschen mit dem eines Hochzeits- oder Liebespaares ist vor allem in die Offizien für Märtyrerinnen eingeflossen, jene Frauen und Mädchen, die es – gänzlich
desinteressiert an irdischer, physischer Liebe – wählten, für ihre unsterbliche
Liebe zu Gott zu sterben. Ein Beispiel wäre die römische Märtyrerin Agnes
(Kult seit dem 4. Jahrhundert). Laut Legende war sie ein zwölf- oder dreizehn-
jähriges Mädchen, das sterben musste, weil sie sich im noch heidnischen Rom
als mit Christus ‚verlobt‘ betrachtete.[23] Ihre Überzeugung gipfelt in dem Satz:
„Ich bin verlobt mit dem, dem die Engel dienen, [und] dessen Schönheit Sonne
und Mond bewundern." Das vertont die alte Antiphon *Ipsi sum desponsata* als
Formelmelodie im traditionell syntaktischen, nicht emotionalen Sinn.[24]

Keine Märtyrerin, heute aber zweifellos die bekannteste unter den ‚Geliebten Gottes‘ ist Maria Magdalena (Fest 22. Juli). Das liegt natürlich an ihrer besonderen Geschichte, die säkularisierte Nacherzählungen à la Dan Brown ja nur
so herbeilocken musste.[25] Seit Gregor dem Großen (ca. 540–604) verschmolz die

---

21 Beispiele für Responsorien, in denen „dilectus/dilecta" im Anfangsbereich zu finden ist:
R. „Dilectus Dei Demetrius (dixit Nestori: ...)" (Demetrius-Offizium, 12. Jh., Péter
Tóth/Zsuzsa Czagány [Hg.]: *Historia sancti Demetrii Thessalonicensis*, Lions Bay, Ca-
nada 2013, 8). – R. „Electus et dilectus domini Gregorius ..." (Gregor-Offizium, Cantus
ID 006646), R. „Hic est Jacobus dilectus Christi apostolus..." (Jacobus-Offizium, 12.
Jh., Peter Wagner [Hg.]: *Die Gesänge der Jakobusliturgie zu Santiago de Compostela*,
Freiburg 1931, 70).
22 Vgl. z.B. Off 19,7–8.
23 S. Johann Peter Kirsch: *St. Agnes of Rome*, in: *The Catholic Encyclopedia*, Vol. 1,
New York 1907, URL: http://www.newadvent.org/cathen/01214a.htm (abgerufen am
16.03.2021).
24 Dobszay/Szendrei (Hg.): *Antiphonen* (vgl. Bildunterschrift zu Notenbeispiel 2), Nr.
7071.
25 Zu Figur und Kult s. Victor Saxer/Ulrike Liebl: *Maria Magdalena, hl.*, in: *Lexikon
des Mittelalters*, Bd. VI, Stuttgart, Weimar 1999, S. 282–284 sowie J. E. Fallon: *Mary
Magdalene, St.*, in: *New Catholic Encyclopedia*, Second Edition, Vol. 9, Washington

mittelalterliche Kirche in dieser Figur bekanntlich drei verschiedene biblische Frauen, Maria aus Magdala, Maria von Bethanien und eine anonyme ,Sünderin'.[26] Alle drei Figuren bzw. die mit ihnen verbundenen Handlungsstränge und Motive sind in die Gesänge der zahlreichen Offiziumszyklen eingeflossen, die seit ca. dem 11. Jahrhundert greifbar sind. (David Hiley unterscheidet nicht weniger als sechs unterschiedliche Repertoiretraditionen.)[27]

Die anonyme Sünderin machte auf die folgenden Jahrhunderte zweifellos den größten Eindruck, weil sie ihrer Reue in einer heute spektakulär anmutenden Aktion voller augenscheinlich sinnlicher Liebesgesten Ausdruck verlieh. Im Rahmen eines Gastmahls benetzte sie die Füße Christi mit ihren Tränen, trocknete sie mit ihren Haaren, küsste sie und salbte sie mit wohlriechendem Öl.[28] So eindrucksvoll diese Handlung schon erscheint – sie findet noch eine Steigerung, nämlich in der provokanten Antwort, die Christus dem Pharisäer Simon entgegenhält, der das Ganze anstößig findet: „Ihr sind ihre vielen Sünden vergeben, weil sie (mir) so viel Liebe gezeigt hat." (Lk 7.47)

Einer Vertonung dieser großartigen Stelle sei hier abschließend eine kurze Darstellung gewidmet. Das Responsorium *Maria Magdalena que fuerat in civitate* (Notenbeispiel 6) ist in einer Quelle des 12. Jahrhunderts aus Klosterneuburg als Teil des Magdalenenoffiziums überliefert.[29] Sein Text ist wörtlich der Homilie XXV Papst Gregors des Großen entnommen.[30]

Das Responsorium (D-Modus) zeigt musikstilistisch sowohl moderne als auch konservative Merkmale. Modern ist der große Ambitus (A–f) sowie die Konzentration auf den Grundton D, seine Oberoktav d und die Oberquint a. D und a werden dabei nicht nur am Beginn und Ende der Phrasen angesteuert, sondern auch oft am Beginn und/oder Ende der (mehrsilbigen) Worte. Zugleich werden jedoch noch die traditionellen Incipit- und Kadenzformeln verwendet (s. Beginn und die Schlüsse der Phrasen 1, 2 und 5).[31]

D.C. 2003, 285–288.

[26] S. Gregor dazu in seiner Homilie XXIII, in: *Patrologiae Cursus Completus, [...] Series prima, Patrologiae Tomus LXXVI, Sancti Gregorii magni*, Tomus Secundus, Paris 1849 (Patrologia Latina Database, 1996 Chadwyck-Healey Inc.), col. 1238D–1246A, hier col. 1239C. URL: http://pld.chadwyck.co.uk (abgerufen am 16.03.2021).

[27] S. David Hiley: *Early cycles of office chants for the feast of Mary Magdalene*, in: John Haines/Randall Rosenfeld (Hg.): *Music and medieval manuscripts. Paleography and performance. Essays dedicated to Andrew Hughes*, Aldershot 2004, 369–399.

[28] Genau diese Darstellung bietet nur Lk 7.36–50. Am ähnlichsten dazu verhält sich die Version von Joh 12.1–8. Vgl. damit Mt 26.6–13, Mk 14.3–9.

[29] Cantus ID 601369.

[30] Gregorius Magnus: *Homilia XXV* (Lectio S. Evang. Sec. Joan. XX, 11–18), *Patrologia Latina* 76, col. 1188C – 1196D , hier col. 1189B.

[31] Zu diesen Merkmalen und ihrem größeren Kontext s. die Besprechung dieses Responsoriums bei Hiley: *Early Cycles* (wie Anm. 27), 395 und seine in Details abweichende Übertragung ebd., 397.

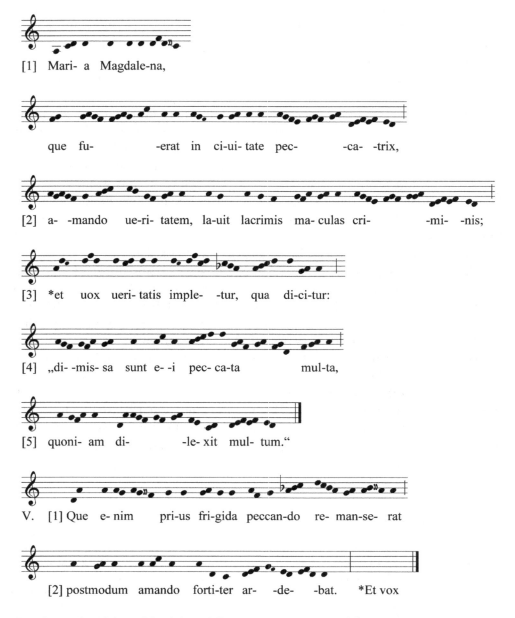

[1] Mari- a Magdale-na,

que fu-   -erat in ci-ui- tate pec-   -ca- -trix,

[2] a- -mando   ue-ri- tatem, la-uit lacrimis ma- culas cri-   -mi- -nis;

[3] *et   uox ueri- tatis imple- -tur, qua di-ci-tur:

[4] „di- -mis- sa   sunt e- -i   pec- ca-ta   mul-ta,

[5] quoni- am di-   -le- xit mul- tum.“

V. [1] Que e- nim   pri-us fri-gida peccan-do   re- man-se- rat

[2] postmodum amando   forti-ter ar- -de- -bat.   *Et vox

Notenbeispiel 6: Maria Magdalena-Offizium, Responsorium: [1] Maria Magdalena, die in der Stadt eine Sünderin war, [2] wusch, weil sie die Wahrheit liebte, mit [ihren] Tränen die Flecken der Sünden ab; [3] und [an ihr] geht die Stimme der Wahrheit in Erfüllung, als gesagt wird: [4] „Vergeben sind ihr viele Sünden, weil sie viel geliebt hat." V. [1] Die nämlich als Sünderin einst unfruchtbar gewesen war, [2] brannte später machtvoll in ihrer Liebe. Klosterneuburg, Augustiner-Chorherrenstift, Bibliothek, 1012, fol. 26. Digitalisat: http://www.ksbm.oeaw.ac.at/images/AT/5000/AT5000-1012/AT5000-1012_26r.jpg (abgerufen am 20.03.2021)

Vom Namen der Figur ausgehend, exponiert der Text zunächst die Essenz ihrer Geschichte: zuerst ihre Vergangenheit als Sünderin, dann ihre Umwandlung zur Nachfolgerin Christi im Zeichen der Wahrheit. Die beiden gegensätzlichen Seiten der Maria Magdalena werden als zwei parallel gebaute Eingangsphrasen vertont, die offenbar die Funktion einer moderat gehaltenen Einleitung erfüllen (die Melodie bewegt sich meist im Tonraum D–c). Seinen Spannungshöhepunkt erreicht der Gesang in Phrase 3, die Marias Umkehrprozess als Verwirklichung der Wahrheit anspricht, um dann zur direkten Rede Christi hinzuleiten. Unvermittelt wechselt die Melodie in den oberen Quartraum des Ambitus, a–d. Die Worte „et vox veritatis impletur" erscheinen im höchsten Ambitusregister (d-f-Raum). Die folgenden Herrenworte bestehen aus zwei Satzteilen, die musikalisch adäquat in den zwei aufeinander bezogenen Phrasen 4 und 5 präsentiert werden. Christus vergibt die Sünden (Phr. 4) auf dem noch tonal unabgeschlossenen, gespannten Niveau meist oberhalb der a-Konfinalis (offener Schluss auf a). Seine folgende Begründung (Phr. 5) führt von diesem hohen Niveau hinab zum musikalischen Ganzschluss auf D. Melismen exponieren die Worte „peccata" (die Sünden) und „dilexit" (sie hat geliebt). „Peccata" trägt dabei den Spannungsakzent. Das Wort nimmt, vom Oberoktavniveau tief hinabsteigend, den ganzen zentralen Oktavraum ein: a–d, D–a. Das Melisma über „dilexit" hingegen ist in die abspannende Abschlusswendung der letzten Phrase eingebettet (die Wortmelodie durchschreitet nur noch den Sextraum C-a).

Gregor hatte in seiner Homilie XXV Marias Umwandlungsprozess als eine Abkehr von weltlicher Äußerlichkeit zu einer auf Christus bezogenen Spiritualität dargestellt, in deren Dienst nun auch alle ihre augenscheinlich ,sinnlichen' Handlungen erscheinen. Ich gebe hier nur andeutungsweise als Beleg eine Übersetzung von Gregors Passage über Marias Salbe wieder:

> „Es ist bekannt, Brüder, daß diese Frau, die früher auf verbotene Taten aus war, diese Salbe für sich selbst verwendet hat, um ihrem Körper Wohlgeruch zu verleihen. Was sie in schimpflicher Weise angewendet hatte, bot sie nun löblich Gott an."[32]

Die Folgerung daraus bietet der Text des Responsorium-Verses. Während Maria in der Sünde (der Liebe zur Welt) eiskalt blieb („frigida"), wird sie im Kontext ihrer Umkehr mit glühender – spiritueller – Liebe erfüllt. Zur Artikulation dieses Gegensatzes benutzt der Vers die nur leicht modifizierte traditionelle Formel des authentischen D-Modus, die mit zwei gegensätzlichen, (fast) spiegelförmig gestalteten melodischen Halbbögen arbeitet (Anfangs- und Endtöne: D-a : a-D).

---

[32]   Vgl. Patrologia Latina, Bd. 76, col. 1240A.

Am Ende dieses Überblicks lässt sich die Eingangsfrage mit einem „gibt's nicht – gibt's nicht" beantworten, schon deshalb, weil Liebe in den Texten der geistlichen vokalen Einstimmigkeit des Mittelalters eine zentrale Rolle spielt. Wir begegnen ihr überall: in den Vertonungen der Evangelistenaussagen, der Apostelbriefe, der Psalmen, des Hohelieds, der marianischen Texte und denen der Heiligenoffizien. Diese ‚Liebe' ist freilich in den meisten Fällen nicht unsere primär säkular konnotierte, sondern eine spirituell auf die Gotteserfahrung ausgerichtete Liebe – insofern aber ein Thema, das uns in zentrale Bereiche christlichen Glaubens und der damit seit mehr als einem Jahrtausend verbundenen Kirchenmusik führt. Eine ganz andere Frage ist natürlich, ob das Thema Liebe ‚Liebesmusik' hervorgebracht hat. Hier gilt es, zwischen Inhalt und Emotion zu differenzieren. Ich bin nicht der Meinung, dass es in den liturgischen Gesängen um den Ausdruck von *Emotion* geht. Um *Inhalte* geht es aber schon. Und in der Artikulation von Inhalten, von logischen Zusammenhängen und dem semantisch akzentuierenden Sprachduktus liegt eine besondere Stärke von Gregorianik und Postgregorianik. In ihrer Phrasierung und ihrem Melodieverlauf können diese Melodien die Textstruktur deutlich machen und einzelnen zentralen Aussagen Gewicht verleihen. Damit aber sind sie ihrer Funktion gemäß sehr angemessene Medien differenzierter Textartikulation innerhalb der mittelalterlichen Liturgie.

Literatur

Art. *Liebe Gottes und Liebe zu Gott*, in: Hans Dieter Betz u.a. (Hg.): *Die Religion in Geschichte und Gegenwart. Handwörterbuch für Theologie und Religionswissenschaft*, Bd. 5, Tübingen 2002, Sp. 350–359.

Art. *Liebe*, in: Hans Dieter Betz u.a. (Hg.): *Die Religion in Geschichte und Gegenwart. Handwörterbuch für Theologie und Religionswissenschaft*, Bd. 5, Tübingen 2002, Sp. 335–349.

Art. *Liebe*, in: Gerhard Krause und Gerhard Müller (Hg.): *Theologische Realenzyklopädie*, Bd. 21, Berlin u.a. 1991, 121–191.

Benedikt XVI.: *Enzyklika Deus caritas est*, http://w2.vatican.va/content/benedict-xvi/de/encyclicals/documents/hf_ben-xvi_enc_20051225_deus-caritas-est.html (abgerufen am 30.05.2021).

Berschin, Walter und David Hiley (Hg.): *Die Offizien des Mittelalters. Dichtung und Musik*, Tutzing 1999 (Regensburger Studien zur Musikgeschichte, 1).

Die Bibel. Altes und Neues Testament. Einheitsübersetzung, Freiburg u.a. 1997.

Dobszay, László und Janka Szendrei (Hg.): *Monumenta Monodica Medii Aevi*, Bd. V, Antiphonen, Kassel u.a. 1999.

Einsiedeln, Stiftsbibliothek, Codex 611(89), Einsiedeln 1300–1314. S. Beschreibung im Cantus Index: http://cantus.uwaterloo.ca/source/123606 (abgerufen am 30.05.2021).

Fallon, J. E.: Art. *Mary Magdalene, St.*, in: *New Catholic Encyclopedia*, Second Edition, Vol. 9, Washington D.C. 2003, 285–288.

Gregorius Magnus, Homilia XXIII. *Patrologiae Cursus Completus, [...] Series prima, Patrologiae Tomus LXXVI, Sancti Gregorii magni*, Tomus Secundus, Paris 1849 (Patrologia Latina Database, 1996 Chadwyck-Healey Inc.), col. 1238D–1246A (abgerufen am 30.05.2021).

Gregorius Magnus, Homilia XXV. *Patrologiae Cursus Completus, [...] Series prima, Patrologiae Tomus LXXVI, Sancti Gregorii magni*, Tomus Secundus, Paris 1849 (Patrologia Latina Database, 1996 Chadwyck-Healey Inc.), col. 1188C–1196D (abgerufen am 30.05.2021).

Hiley, David: *Chapter 14. Early cycles of office chants for the feast of Mary Magdalene*, in: John Haines und Randall Rosenfeld (Hg.): *Music and medieval manuscripts. Paleography and performance. Essays dedicated to Andrew Hughes*, Aldershot 2004, 369–399.

Kirsch, Johann Peter: *,St. Agnes of Rome.' The Catholic Encyclopedia*, Vol. 1, New York 1907, http://www.newadvent.org/cathen/01214a.htm (abgerufen am 30.05.2021).

Klosterneuburg, Augustiner-Chorherrenstift, Bibliothek, 1012. S. Beschreibung im Cantus Index: http://cantus.uwaterloo.ca/source/123613 (abgerufen am 30.05.2021).

Saxer, V. und U. Liebl: Art. *Maria Magdalena, hl.*, in: *Lexikon des Mittelalters*, Bd. VI, Stuttgart u.a. 1999, 282–284.

Seuse, Heinrich: *Stundenbuch der Weisheit. Das ,Horologium Sapientiae'*, übersetzt von Sandra Fenten, Würzburg 2007, 136–138.

Stenzl, Jürg: *Der Klang des Hohen Liedes. Vertonungen des Canticum Canticorum vom 9. bis zum Ende des 15. Jahrhunderts*, 2 Bde., Würzburg 2008 (Salzburger Stier. Veröffentlichungen aus der Abteilung Musik- und Tanzwissenschaft der Universität Salzburg, 1).

Tóth, Péter und Zsuzsa Czagány (Hg.): *Historia sancti Demetrii Thessalonicensis*, Lions Bay, Canada 2013.

Vorau, Stiftsbibliothek ms. 287 (Salzburg 14. Jh.), s. Beschreibung im Cantus Index: http://cantus.uwaterloo.ca/source/123643 (abgerufen am 30.05.2021).

Wagner, Peter: *Die Gesänge der Jakobusliturgie zu Santiago de Compostela*, Freiburg 1931.

Tonträger

Schir Haschirim. Das Hohelied. ... stark wie der Tod ist die Liebe. Vorauer Antiphonar – Hildegard von Bingen – Heloise/Abelardus. Choralschola des Instituts für Kirchenmusik und Orgel, Leitung: Vilma Adrija Čepaitė, Krisztina Gábor, Antanina Kalechyts, Réka Miklós. Projektbetreuung: Eugeen Liven d'Abelardo, Franz Karl Praßl. Klangdebüts KUG 35, Graz: KUG 2009.

Krönung der Lust. Kritik am Imperialen Eros in Claudio Monteverdis *Krönung der Poppea*

Sabine Meine

Im Winter 1642/43, vor mehr als dreieinhalb Jahrhunderten, gab man in Venedigs Teatro Grimani *Die Krönung der Poppea*, Claudio Monteverdis letzte Oper nach dem Libretto von Gian Francesco Busenello. Das Theater war eines der damals noch ganz jungen der Stadt, wo man nun während des Karnevals gegen Eintritt Oper erleben konnte, eine so folgenreiche Einrichtung, die im weiteren Verlauf des Jahrhunderts ganz Europa erreichen sollte. Drei Akte lang war hier 'sex and crime' zu erleben, Leidenschaft, flankiert von Mord, Verbannung und üblen Intrigen. Dann jedoch, im Finale, hat Poppea ihr Ziel erreicht: Die Geliebte von Kaiser Nero, eine legendär schöne und machthungrige Römerin, ist mit ihm vermählt und zur römischen Kaiserin gekrönt worden. Nero und Poppea singen daraufhin das Liebesduett „Pur ti miro". Mit seinem kreisenden Ostinato-Bass und den sich darüber umschlingenden Sopranstimmen zieht es unmittelbar in seinen Bann. Dies tut es selbst dann noch, wenn uns die Abgründe hinter dem Stück bewusst werden, die ich in ihrem kulturhistorischen Kontext darstellen möchte. Die *Krönung der Poppea* ist die Geschichte einer sinnlichen Verführung, die durch die Musik erzählt wird. Und das, was und wie es erzählt wird, spiegelt die intellektuellen, durchaus kontroversen Debatten im Venedig der Zeit.

1. Krönung der Lust

Das Finale der Oper, an deren Ende das Liebesduett steht, wirft einige Fragen auf: Was ist das für eine Krönungszeremonie, in der auf den offiziellen Staatsakt der Krönung der neuen Kaiserin eine hoch intime Liebesszene folgt, die eher in ein Schlafgemach und nicht auf eine Staatsbühne gehört, in der also vor aller Augen am Ende die Lust gekrönt wird? Es ist in der Tat viel diskutiert worden über das Finale dieser Oper, vor allem wegen der schwierigen Quellenlage der Fassungen aus Venedig und Neapel.[1] Hinzu kommt die

---

[1] Diese spielt für die Darstellung hier keine besondere Rolle, so dass ich hier nur kurz zusammenfasse: Erstens gibt es ein gedrucktes Scenario aus der Karnevalssaison. Ein Scenario ist ein Szenenleitfaden, den sich die Opernbesucher mitnahmen, um dort vor jeder Szene kurz nachlesen zu können, wo und mit wem die Szenen spielen. Er lag vor der Aufführung im Druck vor. Zweitens existiert ein Manuskript aus Neapel, das anonym in Neapel 1651 gedruckt wurde. Diese Quelle lässt auf Tourneen einer Wandertruppe bis nach Napoli schließen, wahrscheinlich unter Leitung von Francesco Cavalli. Drittens: ein Manuskript aus Venedig, aus der Sammlung Contarini, Biblioteca Nazionale Marciana, von 1643, versehen mit dem Namen „Monteverde". Viertens: ein Libretto aus Udine, Stadtbibliothek. Fünftens: eine Schriftensammlung von Librettist Giovanni Francesco

Frage der Autorschaft, da es unsicher ist, ob das Schlussduett von Monteverdi selbst stammt.[2] In der Tat setzt sich die Musik des Duetts selbst in ihrer provozierenden Einfachheit von den vorigen Duetten ab, mit denen es gleichwohl korrespondiert. Diese Hintergründe berücksichtigend, sprechen in jedem Fall zwei entscheidende Indizien dafür, dass das Duett „Pur ti miro" gezielt in das Finale gesetzt worden ist: Erstens vollendet das Duett eine Entwicklung von Liebesszenen zwischen Nero und Poppea, die – wie Wolfram Steinbeck zeigen konnte – schlüssig aufeinander folgen.[3] Anfangs getrennt, singen Nero und Poppea erst im Schlussduett im harmonischen Einklang (vgl. Notenbeispiel 3). Der konsequente Zusammenhang der Liebesszenen zeigt sich dabei ebenso darin, dass auch vorige Liebesszenen auf einem Quartbass aufbauen, wie ihn auch das Schlussduett hat (vgl. Notenbeispiel 1).

Notenbeispiel 1: Claudio Monteverdi *Die Krönung der Poppea*, I. Akt, Beginn der dritten Szene und der ersten mit Poppea und Nero: Nach einer berauschenden Liebesnacht fleht Poppea Nero an, nicht von ihr zu gehen. Sie zeigt Initiative, während er angesichts des begangenen Ehebruchs voller Zweifel ist. Poppeas Gesang wird durch ein absteigendes Quart-Ostinato im Bass untermauert, ebenso wie alle folgenden Duette des Heldenpaars im Verlauf der Oper. Das Notenbeispiel ist Steinbeck: *Pur ti miro*, wie Anm. 3, entnommen.

Busenello: *Delle hore ociose* (*Von den mußevollen Stunden*), gedruckt in Venedig 1656. Die Situation der Quellen und Zuschreibungen ist ausführlich dargestellt in Claudio Monteverdi: *L'Incoronazione di Poppea. (The coronation of Poppea), an opera in a prologue and three acts*, hg. von Alan Curtis, London 1989, S. V–IX. Demnach könnte die Musik des Schlussduetts von Benedetto Ferrari stammen.

[2]   Vgl. das Ende der vorigen Anmerkung und Alan Curtis: *Poppea Impasticciata, or Who wrote the Music to l'Incoronazione (1643)?*, in: *Journal of the American Musicological Society* 42/1 (1989), 23–54.

[3]   Wolfram Steinbeck: *Pur ti miro. Schritte der Annäherung. Die Dramaturgie in Claudio Monteverdis L'Incoronazione di Poppea*, in: *Aspetti musicali. Musikhistorische Dimensionen Italiens 1600–2000, Festschrift für Dietrich Kämper zum 65. Geburtstag*, hg. von Norbert Bolin, Christoph von Blumröder und Imke Misch, Köln 2001, 141–152. Die Notenbeispiele 1 und 2 beziehen sich auf seine Analyse.

Der zweite Anhaltspunkt für die bewusste Setzung des Duetts führt zum Prolog der Oper zurück. Dort schicken allegorische Gestalten den tieferen Sinn des Stückes vorweg, wie es damals üblich war: Fortuna und Virtù, die Glücks- und die Tugendgöttin streiten sich, wer stärker ist, aber beide haben ihre Macht längst verloren. Und während sich die zwei streiten, freut sich der Dritte. Der Liebesgott Amor kommt hinzu und befiehlt allen, sich ihm unterzuordnen. Darüber klagen Fortuna und Virtù zwar, aber Amor hat das letzte Wort. Alle müssen ihm schweigend folgen: „Oggi [. . .] l'un e l'altra di voi da me abbattutta, dirà che'l mondo a' cenni miei si muta."[4] Es ist somit schlüssig, dass am Ende der Oper allein die Liebeslust übrigbleibt.

Dass jedoch eine Liebe ohne Glück und Tugend am Ende Unheil bringt, wird auch dem damaligen Publikum bewusst gewesen sein. Das Schlussduett zelebriert also die Krönung einer zweifelhaften Lust und ist damit nur scheinbar ein Happy-End. Wie in einer Blase, die es von der Umgebung trennt, ist das Kaiserpaar aufeinander fixiert, während die Krönungsgäste wie auch das Theaterpublikum ihr Liebesspiel quasi voyeuristisch miterleben.

2. Musik, die verführt

Kommen wir damit zur Musik des Duetts, die die sinnliche Erfüllung von Poppeas und Neros Begehren vorführt. Es sind ganz schlichte, sehr effektvolle Mittel, die uns in den Sog des scheinbar endlosen Liebesspiels ziehen. Eine einfache absteigende Basssequenz, ein Quartbass: *G–fis–e–d* als Basis einer Kadenz aus G-Dur, D-Dur, C- und D-Dur, der stets in gleichem Rhythmus wiederkehrt und ein wogendes Ostinato bildet. Dort hinein singen die zwei Soprane mit ineinander verschmelzenden Klangfarben und melodischen Linien einen hocherotischen Text, der ein Liebesspiel vor Ohren führt.

Pur ti miro,	Ich schaue dich an,
Pur ti godo,	Ich genieße dich,
Pur ti stringo,	Ja, ich umarm dich,
Pur t'annodo,	Ja, ich umschling dich,
Più non peno,	Nicht mehr leiden,
Più non moro,	Nicht mehr sterben,
O mia vita, o mio tesoro.	O mein Leben, o mein Schatz.

---

[4] „Heute, da die eine und die andere von Euch von mir geschlagen sind, wird zu sagen sein, dass sich die Welt nach meinem Kommando dreht." Claudio Monteverdi: *L'Incoronazione di Poppea. (The coronation of Poppaea)* (wie Anm. 1), 13, Übersetzung S.M.

Notenbeispiel 2: Claudio Monteverdi *Die Krönung der Poppea*, III. Akt, Finale, 8. Szene, Poppea und Nero. Nach der Krönung ist das Paar auch musikalisch erstmalig vereint: Poppea hebt an, Nero stimmt ein, erneut unterstützt durch ein absteigendes Bassostinato, das zur Basis der in sich kreisenden Da-Capo-Arie wird. Das Notenbeispiel ist Steinbeck: *Pur ti miro*, wie Anm. 3, entnommen.

Wie sich zwei Liebende suchen, finden und verflechten, wird durch Stimm-kreuzungen, dissonante Reibungen und deren Auflösungen ohrenfällig. Zu den Worten „più non peno", „ich leide nicht mehr", steht mit der Sekundreibung von *h* gegen *c* der Liebesschmerz im Raum, der durch die folgende Auflösung überwunden wird (vgl. Notenbeispiel 3, Beginn). Am Ende des Duetts finden die Liebenden erstmalig in den drei Akten stimmlich wie harmonisch zum Ein-klang zu den Worten „O mein Leben, o mein Schatz".

Dies ist nur der A-Teil einer dreiteiligen Da-Capo-Form, die zum Programm wird: Da hier offenbar endlos und unersättlich geliebt wird, scheint die Arie stets wieder von vorne beginnen zu können. Und so wie die Liebenden um-einander kreisen, verführen sie am Ende, da sie ihr Ziel erreicht haben, auch noch uns. Wir kreisen mit ihnen um sie, bis uns von ihrem ostinaten Singen schwindelig wird.

Wie mag es dem damaligen Publikum in Venedig ergangen sein, das die Sin-neslust von Nero und Poppea in Venedigs Karneval 1642/43 erlebte? Natürlich können wir nicht von unseren heutigen Empfindungen auf das damalige Opern-erlebnis schließen, aber wir können versuchen, die Diskurse zu rekonstruieren, die die Gesellschaft Venedigs damals in ihrem mentalen Gepäck hatte und die die *Krönung der Poppea* für sie zu einem besonders reizvollen, kontroversen Thema machte.

Notenbeispiel 3: Claudio Monteverdi *Die Krönung der Poppea*, III. Akt, Finale, 8. Szene, Poppea und Nero. Dissonante Reibungen versinnbildlichen Liebesschmerz, bevor der Gesang des Heldenpaars im Einklang mündet. Dieses Notenbeispiel ist folgender Ausgabe entnommen: Claudio Monteverdi: *L'Incoronazione di Poppea*, hg. von Gian Francesco Malipiero, Wien 1931 (Gesamtausgabe 13)

3. Diskurse über Herrscherkritik, Liebeslust und Musik

In der Tat galt die Liebesgeschichte von Nero und Poppea im damaligen Venedig als abschreckendes Übel. Noch heute ist uns Nero, der römische Kaiser, der Rom in Flammen setzte, ein fester Begriff. Er hat im ersten Jahrhundert nach Christus gelebt (37 bis 69). Poppea war Neros zweite Frau (und er war ihr dritter Mann). Sie wurden Geliebte, als er erst 22 und sie bereits um die 30 Jahre alt war. Doch Glück und Macht währten kurz, denn Poppea kam bald gewaltsam zu Tode, vermutlich verschuldet durch Nero, der ebenso schon mit 32 Jahren starb.

Die Geschichte war in der Überlieferung des römischen Geschichtsschreibers Tacitus bekannt, der Nero und Poppea zum Inbegriff des Lasters gemacht hatte.[5] Auch in der Akademie der *Incogniti* kannte man sie, einem der damals einflussreichsten Zirkel aus Intellektuellen und Künstlern, zu dem der Librettist

---

[5] Die Geschichte ist enthalten in Tacitus' Annalen XIII–XVI unter dem Namen der ersten Kaisergattin Ottavia. Vgl. Tim Carter: *Monteverdi's Musical Theatre*, New Haven und London 2002, 271. Tacitus lebte um 56 bis 120, er schrieb seine Geschichtswerke in republikanisch-senatorischer Tradition.

der hier diskutierten Oper gehörte, Giovanni Francesco Busenello, ein angesehener Jurist.[6] Dieser nämlich ging noch weiter als Tacitus und ließ in seinem Libretto auch an weiteren Personen wenig Gutes; alle sind bei ihm in Laster, Intrigen und Gewalt verstrickt.

Dass nun ausgerechnet diese Geschichte von Nero und Poppea in Venedig populär wurde, hat verschiedene Gründe. Einer liegt in Venedigs Distanz zu Rom. Die unabhängige Republik Venedig war besonders Rom-kritisch, und Busenello kannte scharfe Papst-Kritiker. Tacitus' Kritik an der römischen Herrschaft Neros diente in Venedig als Bild des bösen Anderen, vor dem die Venezianer umso tugendhafter wirkten.[7] Der Stoff gefiel den Venezianern aber sicher auch, weil es damals unter Gelehrten üblich war, die Vorzüge der Liebeslust zu diskutieren. Dazu muss man wissen, dass Liebe damals ein gesellschaftlich relevantes Thema war. Seit der Renaissance von Platons Schriften, die im 16. Jahrhundert von Italien aus Verbreitung gefunden hatte, war Musik das zentrale Medium geworden, um Ideen über Gesellschaft, Moral und Erziehung zu verbreiten.[8]

In Monteverdis Umgebung jedoch galten Platons Liebestheorien als veraltet und lebensfern. Man pries nun die sinnliche Liebe und oftmals sogar, indem man die alten Liebesideale karikierte. Dies wird beispielhaft deutlich im ersten Madrigalbuch Barbara Strozzis, Claudio Monteverdis Zeitgenossin in Venedig. Als Komponistin blieb ihr zwar die Opernbühne versagt, sie hinterließ jedoch ein erstaunliches Kammermusikwerk. In ihrem Opus 1 stellt sie in dem fünfstimmigen Madrigal *Il concerto dei cinque sensi* mit feinem Gespür für Theatralik und Ironie alte Liebesideale auf den Kopf und preist die sinnliche, körperliche Liebe.

---

[6] *Delle hore ociose* aus dem Jahr 1656 enthält ein einleitendes Argomento. Vgl. Iain Fenlon/Peter N. Miller: *The Song of the Soul. Understanding Poppea*, London 1992. Den Wortführer der Akademie, Francesco Loredano, hat Tacitus nachweislich interessiert. Diesem wurde 1642 ein Kommentar zu Tacitus gewidmet von Pio Mutio, der in Venedig 1642 gedruckt wurde. Mehr dazu in Tim Carter: *Monteverdi's Musical Theatre*, Yale 2002, 271, sowie in Wendy Heller: *Tacitus Incognito. Opera as History in „L'incoronazione di Poppea"*, in: *Journal of the American Musicological Society* 52/1 (Spring 1999), 39–96.
[7] Vgl. Carter: *Monteverdi's Musical Theatre* (wie Anm. 6), 272f.
[8] Vgl. Sabine Meine: *Prolog*, in: Dietrich Helms/dies. (Hg.): *Amor docet musicam. Musik und Liebe in der Frühen Neuzeit*, Hildesheim 2012, 9–21, hier 14. Vgl. ebenso Sabine Meine: *„Amore è musico". Musik im Liebesdiskurs*, in: *Musik in der Kultur der Renaissance*, hg. von Nicole Schwindt, unter Mitarbeit von Christoph Schanze, Laaber 2015 (Handbuch der Musik der Renaissance, 5), 241–271, besonders 248ff.

Sie weicht dafür nicht nur von der zeitgenössischen Hierarchie der Sinne ab, sie stellt sie einfach auf den Kopf: Nicht der Seh- oder der Hörsinn, sondern der niedere Tastsinn und nicht die damals angesehenen hohen Singstimmen, sondern der Bass siegen in diesem Wettstreit mit einem buffonesken Solo: So enthusiastisch und anschaulich singt der Bass seinen höheren Sinneskollegen von seinen taktilen Freuden im Liebesspiel vor, dass diese ihn im Finale bestärken, seine Dame ruhig weiter zu berühren: „Tocca pur" („taste nur") singen sie. Denn Liebesgott Amor hätte ihm zwar kein Glück versprochen, aber was mache das schon aus, wenn ihm die Herzensfreude seiner Dame sicher sei (vgl. Notenbeispiel 4).

Notenbeispiel 4: Barbara Strozzi: *Il contrasto de' cinque sensi* aus dem Madrigalbuch op.
1 aus dem Jahr 1644 ist ein provozierendes Spiel mit der Vorstellung der fünf Sinne in der
zeitgenössisch bekannten Rangfolge von Sehen, Hören, Schmecken, Riechen und Tasten, die in
die Solopassage des Basses bzw. Tastsinnes mündet. Aus: Barbara Strozzi: *Five Madrigals for
2–5 accompanied voices*, hg. von Andrew Kosciesza, Worcester MA 1998. Vgl. auch Barbara
Strozzi: *Primo Libro de' Madrigali*, Orlando di Lasso Ensemble, 2 CDs, Thorofon 2321855,
2000

Damit kommen noch zwei weitere Motive ins Spiel, die unseren Opernstoff in Venedig spannend machten. Die Verbindung von Liebe und Musik ist gegendert, sie ist weiblich besetzt.

Ohne hier auf die umfassende Geschichte des Liebesdiskurses im 16. Jahrhunderts im Einzelnen eingehen zu können, ist dabei zu bedenken, dass Frauen um 1500 an den vor allem höfischen Diskussionen teilzuhaben begannen. Um diese neue weibliche Präsenz zu rechtfertigen oder auch zu kritisieren, entwickelte sich ein dichtes Netz an Diskursen, in dem sich Vorstellungen von Musik, Liebe und Weiblichkeit verflochten und je nach Kontext, moralisch kontrovers bewertet wurden.

Eine Referenzpublikation bildete Pietro Bembos Liebestraktat *Gli Asolani* (1505), in dem der Autor die antiken Liebesideale Platons an die zeitgenössische, gemischtgeschlechtliche Gesellschaft am Hof anzupassen suchte. Die Präsenz von Frauen nobilitierte der renommierte Humanist dort besonders durch ihren Gesang: Männer sollten lernen, auf die schöne Stimme ihrer Geliebten zu hören, damit Schmerz und Traurigkeit „quasi wie durch Orpheus' Stimme" verschwinde.[9]

Offenkundig knüpfte Baldesar Castiglione im *Buch vom Hofmann* (1528), dem Tugendleitfaden (also sozusagen dem *Knigge*) der frühen Neuzeit an Bembo an, den er im 4. Buch zum – fiktiven – Verfechter der platonischen Liebe machte. Weiblichkeit wird dabei zum Synonym von Musik: Der Wortführer Bembo erinnert an die Bedeutung der Schönheit und deren Wirkung in der Liebe und begründet diese über die platonische Hierarchie von Sehen und Hören. Schönheit, so Bembo bei Castiglione, könne mit den Augen betrachtet, aber auch als Harmonie mit den Ohren gehört werden, wenn „die geliebte Frau Musik" ist.[10]

---

[9] „[S]e non che le dure cure degli uomini, che necessariamente le più volte porta seco la nostra vita, in diverse maniere i loro animi tormentati, cessano da la lor pena, mentre esse invaghiti, quasi dalla voce d'Orfeo, così da quella delle lor donne, lasciano e obliano le triste cose." „Die harten Sorgen der Männer, die meist notwendigerweise unser Leben mit sich bringt und die dessen Seelen auf verschiedenste Art gequält haben, hören auf, sie zu schmerzen, da sie, quasi wie durch die Stimme Orpheus', durch die Stimme ihrer Frauen verzaubert werden, so lassen sie die traurigen Dinge los und vergessen sie." Pietro Bembo: *Asolani*, in: *Prose e Rime di Pietro Bembo*, hg. v. Carlo Dionisotti, Torino 1960, Nachdruck 1992, 311–454, hier 433. Aus dem weiteren Kontext der Schrift wird deutlich, dass Bembo die weibliche Singstimme meint. Vgl. für diese und daran anschließende Diskurse zum Verhältnis von Liebe und Musik im frühen 16. Jahrhundert Sabine Meine: *Die Frottola. Musik, Diskurs und Spiel an italienischen Höfen 1500–1530*, Turnhout 2013 (Épitome musical), 146ff.

[10] „Rimovasi adunque dal cieco giudicio del senso e godasi con gli occhi quel splendore, quella grazia, quelle faville amorose, i risi, i modi e tutti gli altri piacevoli ornamenti della bellezza; medesimamente con l'audito la soavità della voce, il concento delle parole, l'armonia della musica (se musica è la donna amata); e così pascerà di dolcissimo cibo l'anima per la via di questi dui sensi". „[Lasst uns] also vom blinden Urteil des Sinns weg bewegen und mit den Augen diese Pracht genießen, diese Anmut, diese verliebten Fun-

Die Verknüpfung von Musik (insbesondere Gesang) und Weiblichkeit erscheint in den hier zitierten Beispielen bei Bembo und Castiglione somit als ein vor allem tugendhaftes Ideal, doch konnte die Rolle von Frauen bzw. Weiblichkeit im Musikdiskurs des weiteren 16. Jahrhunderts durchaus kontrovers diskutiert werden. Ausgehend von den seit Platon tradierten Extremen von nützlicher und schädlicher Musik, die Marsilio Ficino in seiner Interpretation der himmlischen und irdischen Liebe zugeordnet hatte, wurde weiblich konnotierte Musik moralisch auf- oder abgewertet.[11]

Demnach konnten musizierende Frauen eher als Männer als eine moralische Gefahr wahrgenommen werden. Kurtisanen verkörperten diese reizvolle Gefahr als Extremfall besonders gut, da sie die sinnliche Verführungskunst zum Geschäft machten. Als Kultivierte unter den Huren imitierten sie dabei die Künste der Hofdamen und beherrschten daher oft Musik und Gesang.[12] Dieser besonders in Venedig gut bekannte diskursive Hintergrund prägt die Perspektive auf Poppea, die schon bei Tacitus und ebenso bei Busenello als Kurtisane schlechten Rufs erscheint, weil sie ihre Liebe als Machtinstrument einsetzt. Zeitgenossen werden dies auch an ihrem verführerischen Gesang erkannt haben, mit dem sie Nero eroberte.[13]

Aber auch die Wahrnehmung der männlichen Rolle Neros ändert sich aus der Kenntnis der zeitgenössischen Diskurse: Wenn die Verführung durch Gesang weiblich besetzt ist, steht die Rolle des Nero in der Oper quer zu den männlichen Herrscheridealen, die von ihm als römischem Kaiser erwartet werden. Denn er selbst verführt mit seinem Gesang in provozierend unmoralischer Art und Weise.

Seneca, der alte weise Lehrer Neros, wird zum Selbstmord gezwungen, weil er dem neuen Kaiserpaar im Weg steht. Sein Tod löst tiefe Trauer aus.[14] Doch

---

ken, das Lachen, die Weisen und alle anderen angenehmen Verzierungen der Schönheit; zugleich [lasst uns] mit dem Gehör die Süße der Stimme, den Wohlklang der Worte, die Harmonie der Musik [genießen] (wenn Musik die geliebte Frau ist); und so wird sich die Seele mit süßester Speise nähren für den Weg dieser zwei Sinne." Baldesar Castiglione: *Il libro del Cortigiano*, hg. v. Walter Barberis, Torino 1998, 4. Buch, Kapitel 62, 428, Übersetzung S.M. (Für den Kontext des Zitats s. die vorige Anm.)

[11]   Vgl. Meine: *„Amore è musico"* (wie Anm. 8), 253ff.

[12]   Der Begriff der Kurtisane hat im 16. Jahrhundert eine signifikante Bedeutungsverschiebung erfahren. Zunächst synonym zu „donna di palazzo" stand „cortigiana" Anfang des Jahrhunderts für die Hofdame und damit eine Angehörige des Adels. Von Rom aus, wo damals besonders viele Kurtisanen zur Unterhaltung der Kardinalshöfe beitrugen, wurde der Begriff nun für die gesellschaftlich höherstehende Hure eingesetzt. Vgl. Meine: *Die Frottola* (wie Anm. 9), 122f.

[13]   Die stimmlichen Facetten von Poppea sind einzuordnen in die besondere Bedeutung der weiblichen Stimme in der venezianischen Oper und ihrem städtischen Kontext. Vgl. Wendy Heller: *Emblems of Eloquence. Opera and Women's Voices in Seventeenth-Century Venice*, Berkeley, Los Angeles und London 2003.

[14]   Die Szene, in der der Philosoph seinen Freitod ankündigt, von dem ihn seine ihn liebenden Schüler abzubringen versuchen, gehört ohne Zweifel zu den eindrucksvollsten

als der römische Kaiser davon erfährt, fällt ihm nichts Besseres ein, als zu einem Freudengesang einzuladen. „Or che Seneca è morto, cantiam." („Jetzt, da Seneca tot ist, lasst uns singen".) Die Kantilene auf „cantiam" („lasst uns singen") wirkt überdimensioniert und verstärkt den Eindruck der Unangemessenheit von Neros Verhalten (vgl. Notenbeispiel 5).

Notenbeispiel 5: Claudio Monteverdi *Die Krönung der Poppea*, II. Akt, Finale, 6. Szene. Die Nachricht von Senecas Tod ist für Nero Anlass, einen Freudengesang anzustimmen, in den er den Diener Lucano einbezieht. Das Beispiel ist der Ausgabe Monteverdi/Malipiero entnommen, vgl. Notenbeispiel 3.

Einem römischen Kaiser werden traditionell aus einer prominenten Herrschertradition heraus männliche Tugenden abverlangt. Indem sich Nero dem Gesang, einer damals weiblich besetzten Verführungskunst, hingibt, demontiert er seine Autorität selbst. Schärfer kann Herrscherkritik kaum ausfallen.

---

und gelungensten der Operngeschichte. Mit dieser Szene nimmt zugleich die stoische Haltung Senecas als Widerpart der genusssüchtigen Haltung Neros und Poppeas einen entscheidenden Raum in der Oper ein.

4. Karneval: Die Ordnung kehrt sich um

Es sollte deutlich geworden sein, dass *Die Krönung der Poppea* in ihrem Fokus auf Lust und Laster ein provozierender Opernstoff ist. Damit jedoch passt
die Geschichte bestens in den venezianischen Karneval, der die Opernsaison
umrahmte. Denn im Karneval kehrte sich die Ordnung um; gesellschaftliche
Normen und Hierarchien wurden auf den Kopf gestellt. Das hieß auch, dass im
Karneval die Jungen regierten statt der alten Weisen und dass die Lust statt
der Vernunft herrschte. Dem kam die Vergnügungslust des jungen Kaisers Nero
entgegen. Mit zweiundzwanzig Jahren war Nero genauso jung wie die Männer,
die in der Auszeit des Karnevals regierten, bevor sie mit dreiundzwanzig Jahren die ernsten Regierungsgeschäfte übernehmen konnten.[15] Und Nero treibt
es ebenso bunt wie diese jungen Venezianer, nur dass er keinen Spaß macht,
sondern gesellschaftliche Ordnungen ernsthaft zum Kippen bringt.

Womöglich hat auch Monteverdi reizvollen Zündstoff in dem Opernstoff
gesehen, da er selbst so weit von dieser vergnügungssüchtigen Jugend entfernt
war. Er selbst war zum Zeitpunkt der Uraufführung seiner Oper ein alter weiser
Mann von 76 Jahren, wie der historische Seneca zur Zeit von Neros Geschichte
mit Poppea und wie übrigens auch der damalige Doge von Venedig, Francesco Erizzo.[16] Erst im Alter war Monteverdi in das Geschäft mit der Oper
eingestiegen, was ihm womöglich auch eine distanziertere Sicht auf die Vergnügungslust Venedigs verschafft haben mag, die ihm aus seiner Wahlheimat
bereits seit dreißig Jahren bekannt war.

5. Fazit

Busenello, Monteverdi und seinem Komponistenteam, das zusätzlich in die Au-
torenschaft der Oper eingebunden war,[17] ist es mit der *Krönung der Poppea*
gelungen, nicht nur das Publikum in Spannung zu halten, sie haben ihm mit
erhobenem Zeigefinger die Abgründe einer Gesellschaft vorgeführt, die sinnliche Verführung an die Stelle von Vernunft, Treue und Standhaftigkeit setzt.
Und genau dies hat das Autorenteam einem Publikum vorgesetzt, das sich im
venezianischen Karneval zu vergnügen beabsichtigte. Jene, die dem Werk dabei
dennoch aufmerksam zugehört haben, werden die Botschaft jedoch verstanden
haben: Wenn die Herrschenden sich von Amor treiben lassen, der sich über Fortuna und Virtù erhebt, wird sinnliche Liebe zu einem Machtfaktor, der alles um
sich herum in Mitleidenschaft zieht. Wie könnte dies besser dargestellt werden

---

[15]   Vgl. etwa Danilo Reato: *Storia del Carnevale di Venezia*, Venedig 1988.

[16]   Francesco Erizzo lebte von 1566 bis 1646, von 1631 bis zu seinem Tod war
       er Doge. Vgl. Giuseppe Gullino: *Erizzo, Francesco*, URL: http://www.trecca-
       ni.it/enciclopedia/francesco-erizzo_%28Dizionario-Biografico%29
       (abgerufen am 27.08.2018).

[17]   Vgl. Anm. 1 und 2.

als im Gesang, dessen verheerend verführerische Macht mit Weiblichkeit assoziiert wurde. In Gestalt des sangesfreudigen Kaisers Nero wird dieses Gendering intensiviert, denn indem Nero selbst singt und sich im Duett mit der Kurtisane Poppea singend vereint, versinnbildlichen sie als Paar die Vernachlässigung männlicher Herrschaftsmoral und damit die Gefährdung der Gesellschaft.

Dennoch, auch wenn wir um all die üblen Hintergründe dieser Liebe wissen, verführt die Musik im Schlussduett auch uns, wir können uns ihr nicht entziehen. Und auch dies scheint beabsichtigt, als ob die Musik uns sagen möchte: Passt auf, auch ihr seid korrumpierbar, wenn ihr es nicht versteht, sinnliche Schönheit mit Vernunft und Weisheit zu verbinden.

Literatur

Carter, Tim: *Monteverdi's Musical Theatre*, New Haven und London 2002.

Curtis, Alan: *„Poppea Impasticciata"*, or Who wrote the Music to „l'Incoronazione" (1643)?, in: *Journal of the American Musicological Society* 41/1 (1989), 23–54.

Fenlon, Iain und Peter N. Miller: *The Song of the Soul. Understanding Poppea*, London 1992.

Giuseppe Gullino: *Erizzo, Francesco*, online: http://www.treccani.it/enciclopedia/francesco-erizzo_%28Dizionario-Biografico%29 (abgerufen am 27.08.2018).

Heller, Wendy: *Tacitus Incognito. Opera as History in „L'incoronazione di Poppea"*, in: *Journal of the American Musicological Society* 52/1 (1999), 39–96.

Dies.: *Emblems of Eloquence. Opera and Women's Voices in Seventeenth-Century Venice*, Berkeley, Los Angeles und London 2003.

Helms, Dietrich und Sabine Meine (Hg.): *Amor docet musicam. Musik und Liebe in der Frühen Neuzeit*, Hildesheim 2012.

Meine, Sabine: *Die Frottola: Musik, Diskurs und Spiel an italienischen Höfen 1500-1530*, Turnhout 2013 (Épitome musical).

Dies.: *„Amore è musico". Musik im Liebesdiskurs*, in: *Musik in der Kultur der Renaissance*, hg. von Nicole Schwindt unter Mitarbeit von Christoph Schanze, Laaber 2015 (Handbuch der Musik der Renaissance, 5), 241–271.

Monteverdi, Claudio: *L'Incoronazione di Poppea*, hg. von Gian Francesco Malipiero, Wien 1931 (Gesamtausgabe, 13).

Ders.: *L'Incoronazione di Poppea. (The coronation of Poppaea), an opera in a prologue and three acts*, hg. von Alan Curtis, London 1989.

Reato, Danilo: *Storia del Carnevale di Venezia*, Venedig 1988.

Steinbeck, Wolfram: *Pur ti miro. Schritte der Annäherung. Die Dramaturgie in Claudio Monteverdis „L'Incoronazione di Poppea"*, in: *Aspetti musicali. Musikhistorische Dimensionen Italiens 1600–2000. Festschrift für Dietrich Kämper zum 65. Geburtstag*, hg. von Norbert Bolin, Christoph von Blumröder und Imke Misch, Köln 2001, 141–152.

Strozzi, Barbara: *Five Madrigals for 2–4 Accompanied Voices*, hg. von Andrew Kosciesza, Worcester, MA 1998.

Dies.: *Primo Libro de' Madrigali*, Orlando di Lasso Ensemble, 2 CDs, Thorofon 2321855, 2000.

„Du meine Seele, Du mein Herz" – Filmkarriere eines Liedes

Beatrix Borchard

Robert Schumann schenkte Clara Wieck (1819–1896) am 12. September 1840 die im Verlag Friedrich Kistner gedruckte Prachtausgabe einer Liedersammlung. Den *Liederkreis* für Gesang und Klavier – so der Untertitel – hatte er mit *Myrthen* überschrieben und gab ihm die Opuszahl 25. Er war sein Hochzeitsgeschenk.

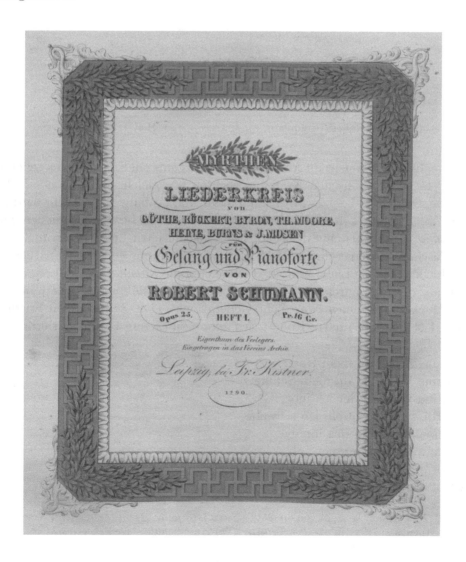

Abbildung 1: Robert Schumann: *Liederkreis* op. 25, Heft 1, Leipzig: Kistner

Im Innenblatt überreicht im Auftrag des Bräutigams ein Engel „seiner geliebten Braut" einen symbolischen Kranz, geflochten aus gleichsam *klingenden* Myrten. Entstanden in Leipzig zwischen Januar und Anfang April 1840, wird der *Liederkreis*[1] eröffnet durch ein Lied mit dem ebenfalls beziehungsreichen Titel *Widmung*. Es gilt als eine der schönsten musikalischen Liebeserklärungen der europäischen Musikgeschichte und steht wie kaum ein anderes Kunstlied für aus Musik geborene Liebe und aus Liebe geborene Musik. Ein Gedicht, ausgewählt aus der umfangreichen Sammlung *Der Liebesfrühling* aus dem Jahr 1821 (Erstdruck 1834) seines zwar nicht Generations-, aber Zeitgenossen Friedrich Rückert (1788–1866) hatte Robert Schumann zu diesem Lied inspiriert.

Du meine Seele, du mein Herz,
Du meine Wonn', o du mein Schmerz,
Du meine Welt, in der ich lebe,
Mein Himmel du, darein ich schwebe,
O du mein Grab, in das hinab
Ich ewig meinen Kummer gab.
Du bist die Ruh', du bist der Frieden,
Du bist der Himmel mir beschieden.

---

[1]   Vgl. zum Gesamtkonzept von op. 25: Rebecca Grotjahn: *„Mein bessres Ich". Schumanns Myrthen als Selbstbildnis des Künstlers*, in: *Autorschaft – Genie – Geschlecht. Musikalische Schaffensprozesse von der Frühen Neuzeit bis zur Gegenwart*, hg. von Kordula Knaus und Susanne Kogler, Köln u.a. 2013 (Musik – Kultur – Gender, 11), 159–178.

Daß du mich liebst, macht mich mir wert,
Dein Blick hat mich vor mir verklärt,
Du hebst mich liebend über mich,
Mein guter Geist, mein beßres Ich![2]

Der Titel *Widmung* stammt nicht von Rückert, sondern von Robert Schumann. Er adressiert das Lied direkt an Clara Wieck. Das dem Gedicht und seiner Vertonung zugrundeliegende Liebeskonzept wird durch die Wiederholung der letzten Gedichtzeile im Forte mit großem Sextsprung nach oben auf das Wort „beßres" emphatisch unterstrichen: „Mein guter Geist, mein beßres Ich!"

Die erste nachgewiesene öffentliche Aufführung fand am 31. März 1841 im Leipziger Gewandhaus statt. Es sang die Sopranistin Sophie Schloß. Am Klavier saß die Widmungsträgerin, die nun Clara Schumann hieß und Konzertgeberin war. Damit wurde die persönliche Widmung des Liedes öffentlich, wusste doch das Leipziger Publikum, wer da gemeint war; es wusste auch, welch harter, öffentlich geführter Kampf gegen den seine Einwilligung verweigernden Vater Friedrich Wieck der Eheschließung vorausgegangen war. Noch während des juristischen Prozesses hatte Schumann *Widmung* komponiert. Das Konzert war das erste, in dem sich Robert und Clara Schumann – so stets die Reihenfolge der Vornamen – den Zuhörenden als Künstlerpaar präsentierten. Neben *Widmung* wurde vor allem die erste Symphonie B-Dur op. 38 von Robert Schumann uraufgeführt, gleichsam als erste ‚Frucht' der Ehe. Aber auch Clara Schumann präsentierte sich als Komponistin. Von ihr erklang das ebenfalls 1840 entstandene Lied *Am Strande* auf ein Gedicht von Robert Burns (ohne Opuszahl).

Das Widmungslied wurde rasch berühmt. Zahlreiche Sängerinnen und Sänger nahmen es in ihr Repertoire auf, und das in einer Zeit, in der Lieder eigentlich nicht im Konzertsaal gesungen wurden, sondern in einem intimen Rahmen.[3] Wenn dennoch das Ehepaar entschied, *Widmung* auf sein Programm zu setzen, wurde es kurz nach seiner Entstehung bewusst eingesetzt als klingendes Symbol einer Künstlergemeinschaft, frei nach Schumanns brieflicher Reaktion auf eine der Romanzen-Kompositionen von Clara Wieck: „Du vervollständigst mich als Componisten wie ich Dich. Jeder Deiner Gedanken kömmt aus meiner Seele, wie ich ja meine ganze Musik Dir zu verdanken habe."[4] Schumann spricht

---

[2] Friedrich Rückert: *Liebesfrühling* (1821), Erstdruck in: *Gesammelte Gedichte*, Bd. 1, Erlangen 1834. Hier zit. nach Friedrich Rückert: *Werke*, Band 1, Leipzig und Wien [1897], 141f.

[3] Vgl. Beatrix Borchard: *Öffentliche Intimität? Konzertgesang in der zweiten Hälfte des 19. Jahrhunderts*, in: *Liedersingen. Studien zur Aufführungsgeschichte des Liedes*, hg. von Katharina Hottmann, Hildesheim u.a. 2013 (Jahrbuch Musik und Gender, 6), 109–126.

[4] Robert Schumann an Clara Wieck, Brief vom 10.7.1839, in: *Briefwechsel von Clara und Robert Schumann*, hg. von Thomas Synofzik und Anja Mühlenweg, Bd. III, Köln 2014

hier von wechselseitiger Ergänzung, während etwa Karl Kraus ein halbes Jahrhundert später den Verzicht von Frauen auf ein eigenes Werk als notwendige Voraussetzung für die Entfaltung männlicher Produktivität deklarierte:

> „Aber an weiblicher Lust nährt sich der männliche Geist. Sie schafft seine Werke. Durch all das, was dem Weib nicht gegeben ist, bewirkt es, dass der Mann seine Gaben nütze. Bücher und Bilder werden von der Frau geschaffen, nicht von jener, die selbst schreibt und malt. Ein Werk wird zur Welt gebracht: hier zeugt das Weib, was der Mann gebar."[5]

Und tatsächlich begriff Clara Schumann das Werk ihres Mannes als ihr eigenes und verzichtete auf ihre kompositorische Weiterentwicklung.[6] Nach dem Tod Robert Schumanns im Juli 1856 konnte Clara Schumann dank der bereits nach dessen Selbstmordversuch im Februar 1854 einsetzenden publizistischen Begleitung nahtlos an das Bild einer Konstellation anknüpfen, das während der Ehe etabliert worden war und sich als gesellschaftlich akzeptabel erwiesen hatte. Frauenrollen (Weib, Mutter, Priesterin) und tragische Aura fügten sich zu einer unverwechselbaren Figur:

> „Clara Schumann, die unvergleichliche Künstlerin, spielte Beethovens Es-Dur-Konzert. Was es in der Frauennatur Achtungsgebietendes, Bewunderungswürdiges, Hohes gibt, hier ist es vereinigt. Selbst das Unglück musste hinzutreten, ihr die letzte Weihe zu geben. Das liebende und geliebte Weib eines großen Künstlers, die Mutter seiner zahlreichen Familie und als Virtuosin die verkörperte Poesie, steht sie als Priesterin am Altare der Kunst."[7]

Das Widmungslied setzte sie auf viele ihrer Programme, mal von einer Frau, mal von einem Mann gesungen. Die Begleitung am Klavier übernahm sie für dieses Lied auch selbst. Das war alles andere als eine Selbstverständlichkeit, wurde doch die Liedbegleitung in der Regel von anderen Pianist*innen übernommen.[8]

(Schumann Briefedition, 6), 139.

[5]   Karl Kraus: *Kehraus*, in: *Die Fackel*, Nr. 229 vom 2.7.1907, 12.

[6]   Vgl. Beatrix Borchard: *Clara Schumann. Musik als Lebensform. Neue Quellen. Andere Schreibweisen*, Hildesheim 2. Aufl. 2019.

[7]   *Viertes Konzert des Sternschen Orchestervereins*, Berlin, November 1855, in: *Neue Zeitschrift für Musik* 22 (1855), Bd. 43. [Anm. d. Hg.: Das Zitat konnte leider nicht nachgewiesen werden, für dessen Authentizität bürgt die Autorin.]

[8]   Vgl. zu diesem Usus: Beatrix Borchard: *Stimme und Geige: Amalie und Joseph Joachim. Biographie und Interpretationsgeschichte*, Wien 2005 (Wiener Veröffentlichungen zur Musikgeschichte, 5), Wien 2. Aufl. 2007, 421–464.

Song of Love

Über hundert Jahre nach seiner Entstehung wurde das Widmungslied und das mit ihm verbundene Liebeskonzept zum ,Herzstück' eines Films, einer Hollywoodproduktion von MGM (Metro-Goldwyn-Mayer) aus dem Jahr 1947 in Starbesetzung. *Song of Love*, so lautet der Filmtitel, der den Fokus auf die Musik setzt, der deutsche Titel *Clara Schumanns große Liebe* hingegen auf die Konstellation Clara und Robert Schumann. Die klischeehafter Weiblichkeit unverdächtige US-amerikanische Schauspielerin Katharine Hepburn verkörperte eine lebenstüchtige Clara Schumann, der österreichisch-britisch-amerikanische Schauspieler Paul Henreid, bekannt aus dem 1942 gedrehten Film *Casablanca* als Darsteller von Victor László, einem edlen Widerstandkämpfer gegen die deutsche Besatzung Frankreichs und den Faschismus, spielte nun Robert Schumann als am Leben leidendes Genie. Durchgehende Nebenfiguren sind Franz Liszt und Johannes Brahms: Robert Walker und Leo G. Caroll. Die Regie in dieser MGM-Produktion führte Clarence Brown (vgl. Abbildung 2).

Wir haben es bei *Song of Love* mit dem außergewöhnlichen Fall zu tun, dass zu der Komposition eines Liedes mit einer biographisch aufgeladenen Entstehungs- und langen, sowohl klingenden als auch diskursiven Rezeptionsgeschichte ein Drehbuch erfunden wurde. Der Film sollte Teil einer ganzen Serie über die Geschichte berühmter Lieder als Anlass für Biopics über bekannte Komponisten wie Schumann, Liszt oder Chopin werden. Er wurde ein Musterbeispiel für das komplexe Verhältnis zwischen historisch gesicherten Fakten und filmischer Logik.[9]

Das Widmungslied erklingt in verschiedenen Schlüsselszenen des Films, nicht gesungen, sondern in einer Instrumentalversion, mal nur mit Klavier, mal mit Klavier und eingesprochenem Text, mal als melodisches Zitat von einer Geige gespielt.[10] Eingeführt wird es als Exposition des zentralen Themas ,Musik geboren aus Liebe/Liebe geboren aus Musik' und erklingt zum ersten Mal am Hochzeitstag: *Schumann*[11] führt seine Braut in ein Haus, wo er eine Wohnung gemietet hat. Sie geht selbstverständlich davon aus, dass die Wohnung in der ersten, der sogenannten Beletage liegt. Er jedoch verweist sie auf die Treppe. Dreimal wiederholt sich der Moment, in dem sie glaubt, endlich angekommen zu sein, aber sie muss – im langen Brautkleid mit Schleier – immer weiter nach oben steigen. Im Dachgeschoss angekommen, überreicht er ihr den Wohnungsschlüssel und trägt sie über die Schwelle. Um ihre Ent-

---

[9]   Vgl. dazu Beatrix Borchard: *Darf man das? Robert und Clara Schumann als Filmhelden*, in: *Robert Schumann. Persönlichkeit, Werk und Wirkung. Bericht über die Konferenz Leipzig 2010*, hg. von Helmut Loos, Leipzig 2011, 483–494.

[10]   So wird es z.B. – gespielt von einem Roma – just in dem Moment zitiert, in dem Brahms nach dem Tode ihres Mannes Clara Schumann seine Liebe gesteht und sie um ihre Hand bittet.

[11]   Die Personennamen sind kursiviert, wenn von der Rolle die Rede ist.

Abbildung 2: *Song of Love*, Filmplakat (1947)

täuschung zu verbergen, rühmt sie die schöne Aussicht. Sie schenkt ihm ihr Tagebuch als *journal intime*. Er soll alles über sie wissen. Sein ‚Seelenspiegel' ist sein Liederkreis *Myrthen*, den er ihr als Hochzeitsgeschenk überreicht, mit dem entscheidenden Unterschied, dass seiner bereits gedruckt, also veröffentlicht ist. *Robert Schumann* setzt sich ans Klavier und beginnt *Widmung* zu spielen. Er singt nicht zu seiner Klavierbegleitung, sondern spricht den Text ein. Sie setzt sich neben ihn und spielt das Lied mit ihm gemeinsam.

Tatsächlich hatte das Ehepaar Schumann, zwar etwas außerhalb der Stadt im sogenannten Verlagsviertel, aber in der Beletage des Hauses Inselstraße Nr. 18 (damals Nr. 5) in Leipzig seine erste, durchaus repräsentative Wohnung bezogen. Man kann sie heute wieder besichtigen, wenn man einen Eindruck von den Wohn- und Arbeitsbedingungen der ersten Ehejahre gewinnen will. Außerdem war Robert Schumann durchaus nicht in der Rolle des Alleinverdieners, der seiner Frau ein standesgemäßes Leben bieten konnte. Ganz im Gegenteil gehörte zum Konzept dieser Ehe, dass er nicht ‚für das tägliche Brot' arbeiten musste, da sie durch Konzertieren und Unterrichten nicht unerheblich zur Finanzierung beitragen konnte und wollte. Warum also diese historisch unzutreffende Konstruktion? Materielle Beschränktheit wird hier in ein Spannungsverhältnis gebracht zu etwas, was ‚nicht mit Geld aufzuwiegen ist': sein – ihr gewidmetes – kompositorisches Werk und die beide miteinander verbindende Liebe. Die Szene basiert auf biographischem Wissen um die historischen Personen. Die Liedersammlung *Myrthen* war ja, wie bereits erwähnt, tatsächlich das Hochzeitsgeschenk, und Debatten um die materielle Grundlage der Ehe füllen viele Seiten des Brautbriefwechsels.[12] Auch bleiben die Einkommensverhältnisse sowie der Kampf um öffentliche Anerkennung Schumanns als Komponist ein Dauerthema zwischen den Partnern. Die im Film gezeigte Rollenverteilung zwischen beiden wiederum entspricht zwar nicht den historischen Tatsachen, aber durchaus dem Wunschdenken von Robert Schumann. Da der Film die auf beider Selbstverständnis als Künstler gegründete und durch Schumanns Musik überhöhte, ins Allgemeine gehobene Liebe (= Widmungslied) als die Kraft zeigen will, die sich gerade in einem schwierigen Alltag bewährt, kann man sagen, dass diese Szene zwar historisch unzutreffend, gleichzeitig jedoch ‚realistisch' ist.

Brahms-Szene

In der letzten Szene, in der das Lied unüberhörbar als Erinnerungsmotiv erklingt, ist kein Text mehr nötig. Die Melodie wird von einem Geiger gespielt, der nicht weiß, dass dieses Lied ihr Hochzeitgeschenk war. Er kennt es, weil er Musiker ist, wie er sagt. Das Lied hat sich von den persönlichen Bezügen abgelöst. Den Zuschauern und Zuschauerinnen im Kino jedoch hat sich die symbolische Bedeutung dieser Komposition längst ‚in das Herz gesungen'. Der Geiger muss nur die Anfangstakte spielen, schon ist klar, *Johannes Brahms* und *Clara Schumann*, ein Paar? Das wäre einem Verrat an der Künstlergemeinschaft Robert und Clara Schumann gleichgekommen. Die zur Kunst gewordenen Liebe ist stärker als die Möglichkeit einer neuen Liebesbeziehung und Ehe. *Clara Schumann* entscheidet sich für die Fortführung ihrer Karriere, um ‚seine' Musik, die auch als die ihre gelten kann, in die Welt zu tragen. Sie wird so zur Verkünderin einer Botschaft an andere Frauen, die bekanntlich selten auf dem Podium zu sehen waren, jedoch sehr oft das Publikum gebildet haben und bis heute bilden, ‚gekrönt' von dem an den um sie werbenden Brahms gerichteten Satz: „Ich gehöre Ihm".

Liszt-Szene

Die komplexeste Szene des ganzen Filmes, in der das Thema Musik und Liebe gleichsam durchgeführt und mit einer ästhetischen Diskussion verknüpft wird, spielt in Weimar im Salon von *Franz Liszt*. In dieser Filmsequenz bündeln sich

---

[12]   *Briefwechsel von Clara und Robert Schumann*, hg. von Anja Mühlenweg, Köln 2012 (Schumann Briefedition, hg. von Thomas Synofzik und Michael Heinemann, Serie I, Bd. 4–7).

bereits im 19. Jahrhundert entwickelte Elemente des ‚Bedeutungskomplexes Schumann'.[13]

Zunächst spielt *Liszt* seinen *Mephisto-Walzer* Nr. 1, bis Saiten seines Flügels reißen. Er sprintet zu einem zweiten Instrument und spielt das Stück zu Ende. Die historische Person Franz Liszt wird im Film also eingeführt als überragender, aber auch instrumentenzerstörender Pianist sowie als Komponist von höchst virtuoser Musik, ‚mephistophelischer' Musik.[14]

Dann kündigt *Liszt* seine Klaviertranskription des berühmten Widmungsliedes mit folgenden Worten an: „Ich werde nun etwas spielen, das öffentlich zuvor noch nie zu hören war, Variationen, die ich selbst geschrieben habe über eine süperbe Melodie. Ihr Titel ist ‚Widmung' von meinem hochgeschätzten Kollegen Professor Schumann." Alle klatschen, bis auf *Clara* und *Robert Schumann*. *Clara Schumann* sitzt zwischen ihrem Mann und *Johannes Brahms*. *Liszt* spielt den Schluss seiner Klaviertranskription des Widmungsliedes mit apotheotischem Ende. Während *Liszt* seine Version mit den dicht um ihn gedrängten weiblichen Zuhörern kokettierend spielt, flüstert *Clara Schumann* hinter vorgehaltenem Fächer ihrem Mann, der links von ihr sitzt, zu: „mein Hochzeitsgeschenk" – „eine Widmung an die Liebe? Eher eine Widmung an ein Feuerwerk." Er bedeutet ihr zu schweigen und flüstert: „Es ist sehr interessant." Sie verdreht die Augen, schaut einmal zu *Brahms*, der rechts von ihr sitzt, hin, mal zu ihrem Mann. Nachdem *Liszt* gespielt hat, applaudiert alles. *Liszt* eilt mit ausgestreckter Hand auf *Schumann* zu, der sich erhebt, die beiden schütteln sich freundschaftlich die Hände. Im Gegenschnitt sieht man *Carl Reinecke*, Leiter des Leipziger Gewandhausorchesters, und andere. Die Geliebte Liszts, eine *Prinzessin Hohenfels*, tritt in eleganter Toilette hinzu und wedelt dem Dirigenten mit ihrem Fächer aus Straußenfedern (?) ins Gesicht. Sie wird vorgestellt. *Reinecke* verbeugt sich: „Es ist mir eine Ehre", und küsst ihr die Hand. Sie antwortet französisch: „Enchanté!" Gegenschnitt: *Brahms* zu *Liszt*: „Diese Technik, Herr Liszt, ich weiß nicht, was ich sagen soll." *Liszt*: „Sagen Sie lieber nichts, es wäre ein Sakrileg in der Gegenwart einer Heiligen der Musik." *Clara Schumann*, die sitzen geblieben ist, verneigt sich. *Liszt* zu *Clara Schumann*: „Es ist schon so lange her, dass ich Sie spielen hörte." Und zu *Robert* gewandt: „Kann man sie nicht auf irgendeine Art überreden [...]?" *Clara Schumann* unterbricht ihn, indem sie sich, die Erlaubnis ihres Mannes nicht abwartend, erhebt und erwidert: „Ich tue es gerne, Franz. Ganz allein

---

[13] Begriffsbildung durch die Autorin in Analogie zu Roland Barthes, der vom Bedeutungssystem Beethoven spricht. Vgl. Roland Barthes: *Musica Practica*, in: *Was singt mir, der ich höre in meinem Körper das Lied*, Berlin 1979, 40f. (französischer Originaltitel: *Musica Practica*, in: *L'obvie et l'obtus, Essais critiques III*, Paris 1982, 231–235). Vgl. dazu Beatrix Borchard: *Von Robert zu Clara Schumann und zurück?*, in: *Schumann-Studien*, Bd. 9, hg. von Ute Bär, Sinzig 2008, 81–96.

[14] Vgl. die Analyse des Diskurses um Liszt und seine Musik: Nina Noeske: *Liszts „Faust". Ästhetik – Politik – Diskurs*, Köln u.a. 2017 (Musik – Kultur – Gender, 15).

für Sie." Sie geht zum Flügel, zieht die Handschuhe aus und streift ihren Ehe-
ring ab. *Liszt* stellt sich zuhörend ihr gegenüber, *Brahms* zu ihrer linken Seite.
Schumann setzt sich auf einen Stuhl. *Clara Schumann*: „Sie sind ein brillanter
Künstler, Franz. Ich beneide Sie." Sie beginnt die einleitenden Takte im, ver-
glichen mit *Liszts* Interpretation, langsameren Tempo zu spielen. (Dass diese
Bearbeitung von ihr selbst stammt, wird nicht thematisiert.) Dann spricht sie
weiter, ihn beim Spielen anblickend: „Ich wünschte, ich hätte die Kraft, das
Alltägliche in eine derart erstaunliche Erfahrung umzusetzen." Sie spielt die
melodische Linie auf die Worte „Du meine Seele, Du mein Herz" und spricht
weiter: „Hin und wieder jedoch gibt es Augenblicke im Leben, die sich einer
solchen Umsetzung zu widersetzen scheinen. Wissen Sie, was ich meine, Franz
[*Liszt* blickt betroffen], die ganz kleinen Dinge, ihre Wunder und ihr Zauber
[*Brahms* blickt berührt], zwei Herzen vielleicht, die zueinander sprechen. Die
unbedeutenden Dinge." *Liszt* schaut sich um und sieht, dass sich die *Gräfin
Hohenfels*, seine Geliebte, in Begleitung von *Reinecke* nähert und sich nieder-
lässt um zuzuhören. *Clara Schumann* spielt weiter, schaut ihn an und sagt:
„Die Liebe, Franz, so wie sie ist, keine Illusion, keine Stürme auf hoher See
[*Brahms* blickt wie ertappt], kein Schmuck, kein Glanz, nicht das Rascheln von
Seide, keine glitzernden Strumpfbänder, nur Liebe, ohne Zierrat." *Liszt* und
Brahms wechseln Blicke. Sie wissen, wer gemeint ist. *Clara Schumann* spielt
ihre schlichte Klaviertranskription des Liedes bis zum verinnerlichten Ende,
steht auf, ergreift ihren Fächer, fragt den immer noch nachdenklich am Flügel
lehnenden *Liszt*: „Oder wissen Sie doch, was ich meine?" und küsst ihn auf
die Wange. Die *Prinzessin Hohenfels* schnappt empört nach Luft: „Aber, aber
Franz, Sie hat sie beleidigt." *Liszt* erwidert ruhig: „Sie hat noch viel Schlim-
meres als das getan, meine Liebe. Sie hat mich beschrieben. Meinen Sie nicht
auch, sie hat recht, Herr Reineke?" Die *Gräfin*: „Und Sie lassen sich das alles
gefallen?" *Liszt*: „Gehen Sie, meine Liebe, und beglücken Sie einen anderen."
Die Szene endet also damit, dass *Liszt* beschämt begreift, dass *Schumann* ihm
weit überlegen ist, seiner adeligen Geliebten den Laufpass gibt und sich für die
Aufführung von Robert Schumanns Oper *Genoveva* einsetzt.

Clara Schumanns Klavierspiel steht in diesem Film für Seele und Gefühl
im Gegensatz zum Sentiment, für lyrische Innigkeit und Hingabe im Gegensatz zur Welt des Theaters, zur als lügenhaft begriffenen Schauspielerei der
sogenannten großen Auftritte (sie spielt nur für *Liszt* allein, die Gesellschaft
hat sich schon an das Buffet zurückgezogen), für die Welt des Bürgertums im
Gegensatz zur Welt des Adels, für deutsche Musik im Gegensatz zur französischen (für die Liszt u.a. stand, auch wenn er gebürtiger deutschsprachiger
Ungar war). Und wir finden hier die Gleichsetzung bestimmter Liebeskonzepte
mit ästhetischen Positionen und sozialen Orten: Erotik, freie Liebe werden mit
Frankreich, selbstzweckhafter Virtuosität und der Salonkultur des Adels verknüpft, repräsentiert durch *Franz Liszt*. Ehelich eingebundene Liebe wird indes

mit Deutschland, mit dem Verzicht auf alles Äußerliche, mit Einfachheit und Wahrhaftigkeit und dem bürgerlichen Haus assoziiert, repräsentiert durch das Paar *Clara* und *Robert Schumann. Clara Schumanns* Lohn für ihre Hingabe an das Werk ihres Mannes ist Liebe sowie gesellschaftliche Anerkennung, während in *Song of Love* die adelige Geliebte einfach weggeschickt wird. Als nur Begehrende, nicht Liebende im Sinne dieses Ideals, die *Clara Schumanns* Leistung als Künstlergattin nicht einmal erkennt, hat sie keine Daseinsberechtigung mehr.

Was heißt in dieser Szene Liebe? – Hingabe! Sich in den Dienst des Anderen zu stellen. Was heißt hier Musik? – Ein sogenannt seelenvolles Spiel, das sich in den Dienst dessen stellt, was als das ‚Schöne, Wahre und Gute' behauptet wird. Die Botschaft von *Clara Schumann* in dieser Schlüsselszene: ‚Wahre' Musik ist aus Liebe geboren und aus ‚wahrer' Liebe wird Musik. Wie eingangs betont, steht *Widmung* wie kaum ein anderes Kunstlied des 19. Jahrhunderts für aus Musik geborene Liebe und aus Liebe geborene Musik. Während bezogen auf das Ausgangslied geschlechtsspezifische Aspekte zumindest vordergründig keine Rolle spielen, wird nach alter Tradition in *Song of Love* die Kunst dem Mann zugeordnet, die Liebe hingegen der Frau.

Historischer Hintergrund

Eine erstaunliche Szene in einem auf ein breites Publikum zugeschnittenen Hollywoodfilm. Nur gut erfunden? Der historische Franz Liszt war nachweislich von dem Widmungslied und von der Konstellation Robert und Clara Schumann fasziniert. Er bezeichnete das Paar sogar als „wandelndes Liebesgedicht".[15] Im Dezember 1841 besuchte er die frisch Vermählten in der Leipziger Inselstraße. Man probte, schmauste und trank Champagner. Liszt trat am 6. Dezember in einem Konzert von Clara Schumann auf und spielte mit ihr seine Fassung des *Hexaméron* für zwei Klaviere, ein Variationenzyklus über das Duett „Suoni la tromba" aus der Oper *I puritani* von Vincenzo Bellini. Außerdem wurden in diesem Konzert u.a. Schumanns Symphonie d-Moll und *Ouvertüre, Scherzo und Finale* (beide in erster Fassung) uraufgeführt. Trotz der in den folgenden Jahren zunehmend harscheren Ablehnung seiner Musik durch das Ehepaar Schumann, setzte sich Liszt für die Werke seines Kollegen ein[16] und schrieb einen hagiographischen Artikel über die Pianistin, um ihr die durch keine Rollenerwartung an eine ‚würdige Witwe' beschränkte Rückkehr in die Laufbahn einer reisenden Virtuosin zu bahnen. In diesem Artikel heißt es u.a.:

---

[15] Franz Liszt: *Clara Schumann*, in: *Neue Zeitschrift für Musik* 21/41 (1854), Nr. 23, 245–252, hier 246f., mit eigenen Änderungen wiederveröffentlicht als: *Clara Schumann* (1855), in: ders.: *Gesammelte Schriften*, Bd. 4, dt. bearbeitet von Lina Ramann, Leipzig 1882, 187–206.

[16] Vgl. Wolfgang Seibold: *Robert und Clara Schumann in ihren Beziehungen zu Franz Liszt*, Teil 1, Frankfurt am Main 2005.

„Auch die Kunst sollte ihr wandelndes Liebesgedicht, ihre ‚erhabenen glei-
chen' Liebenden, ihre Künstlergatten aufzuweisen haben und dies Paar
war bestimmt, vielleicht das vortrefflichste Beispiel für die verschiedensten Formen zu gewähren, welche dasselbe Genie, dieselbe Poesie, dieselbe
Kunst im Geiste des Mannes und im Herzen des Weibes annehmen. [...]
Und nicht auf's Gerathewohl stellen wir diese ebenmäßige Vertheilung
künstlerischer Verdienste zwischen Beiden her, indem wir uns im Voraus
ablehnend gegen die Annahme verhalten, welche der schaffenden Thätig-
keit das hier durch eine Frau repräsentirte Virtuosenthum unterordnet, es
eine Art Mitgift ihrer Schwäche nennen möchte. [...] Nicht passive Dienerin der Composition ist die Virtuosität, denn von ihrem Hauche hängt
Leben und Tod des ihr anvertrauten geschriebenen Kunstwerkes ab [...].
Die Annalen der Kunst werden Beider Gedächtniß in keiner Beziehung
trennen, die Nachwelt kann Beider Namen nicht vereinzelt nennen, die
Zukunft wird mit einem goldnen Schein beide Häupter umweben, über
beiden Stirnen nur einen Stern erglänzen lassen, wie von einem berühmten Bildner unserer Zeit die Profile des unsterblichen Paares schon in
einem Medaillon vereinigt sind. [...]"[17]

An diesen Formulierungen hat wahrscheinlich Liszts damalige Lebenspartnerin
und Co-Autorin, Carolyne Fürstin zu Sayn-Wittgenstein, mitgewirkt und über
sie letztlich auch Clara Schumann selbst. In einem Brief an die Fürstin vom
27. November 1851 hatte sie nämlich ihr Selbstbild auf den Punkt gebracht:

„[...] Wohl haben Sie, gnädige Frau Fürstin, Recht, mich ein glückliches
Weib zu nennen, daß ich im Stande bin, so jeder innersten Regung meines geliebten Mannes zu folgen, so ganz mich in alle seine Schöpfungen
hinein zu leben. Ich bin dem Himmel aber auch dankbar für dies Glück
und denke es am besten dadurch zu beweisen, daß ich ihm, der mir der
herrlichsten Stunden so viele schafft, mit innigster Liebe und Verehrung
ergeben bin; er ist mein Alles! Was aber auch mein Glück zu einem voll-
kommenen macht, ist, daß auch Er mich innig liebt. So führen wir denn
wirklich ein seltnes Leben, Eines in dem Anderen, und wieder Beide in
unseren Kindern! Der Himmel erhalte uns dies Glück, denn oft frage ich
mich, ob es nicht zu Viel sei für diese Welt! –
Entschuldigen Sie diesen meinen Herzenserguß; doch wer vermöchte wohl
besser diese Gefühle verstehen, als Sie, gnädigste Frau, die Sie Selbst ein
so warm fühlendes Herz und einen so schönen Geist besitzen! – [...]"[18]

Clara Schumanns Selbstentwurf könnte als direkte Vorlage für Liszts Artikel
gedient haben, und dieser ist es, den wir im Konzept und in den Dialogen von
Song of Love gespiegelt finden.

---

[17]   Franz Liszt: *Clara Schumann* (wie Anm. 15), 246f.
[18]   *Briefwechsel Robert und Clara Schumanns mit Franz Brendel, Hermann Levi, Franz
       Liszt, Richard Pohl und Richard Wagner*, hg. von Thomas Synofzik, Axel Schröter und
       Klaus Döge, Köln 2014 (Schumann Briefedition, hg. von Thomas Synofzik und Michael
       Heinemann, Serie II, Bd. 5), 170.

Die Frage nach dem Verhältnis zwischen historischen Fakten und filmischer Fiktion führt noch weiter: Franz Liszt bearbeitete in den 1840er Jahren *Widmung* für Klavier solo (gedruckt 1848). Das im Original gesungene Widmungslied wurde so zum *Liebeslied*, einem Lied „ohne Worte". Liszt war von Schumanns Liedvertonungen, die dieser ihm über den Verleger zuschicken ließ, begeistert[19] und transkribierte insgesamt 14 Lieder nicht nur von Robert, sondern auch von Clara Schumann (vgl. Abbildung 3).

Abbildung 3: Franz Liszt: Bearbeitungen

Liebeslied bzw. *Widmung* ist die einzige dieser Bearbeitungen, die Robert Schumann noch kennengelernt hat. Die Lisztschen Transkriptionen von Schubert-Liedern lehnte er ab. Bereits vor Erscheinen von *Liebeslied* hatte er an Carl Reinecke am 30. Juni 1848 geschrieben:

> „Im Grunde, wie Sie auch vermuthen, bin ich kein Freund von Liedertransscriptionen – und die Liszt'schen sind mir zum Theil ein wahrer Gräuels. Unter Ihren Händen aber, lieber Hr. Reinecke, fühl' ich mich ganz wohl, und dies kömmt daher, weil Sie mich verstehen wie Wenige, – die Musik gleichsam nur in ein anderes Gefäß schütten und zwar ohne Pfeffer und Zuthat à la Liszt. Deshalb freue ich mich Ihrer Arbeit und danke Ihnen recht sehr dafür!"[20]

---

19   Vgl. Wolfgang Seibold: *Robert und Clara Schumann in ihren Beziehungen zu Franz Liszt*, Teil 1, Frankfurt am Main 2005, hier 201.
20   Zit. nach ebd., 204.

Wolfgang Seibold hat in seiner Dissertation akribisch die Quellen zu Robert und Clara Schumann in ihren Beziehungen zu Franz Liszt aufgearbeitet und auch von Clara Schumann eine Reihe negativer Äußerungen über Liszt dokumentiert.[21] Direkte Kommentare zu seiner Bearbeitung von *Widmung* sind jedoch nicht bekannt, auch nicht von Liszt selbst. Einer seiner Schüler, August Göllerich, hat jedoch Äußerungen zu den Tempovorstellungen seines Lehrers für die Interpretation seines Stücks notiert:

> „In der Stunde am 15. Dezember 1885 waren wieder zwei Schumann Transkriptionen Gegenstand des Unterrichts, die Göllerich spielte; zum ‚Liebeslied' bemerkte Liszt: ‚Zum Anfang und Schluß äußerst rasch. Schon bei ‚schwebe', Seite 4, das ritardando beginnen, ebenso die Fermate Seite 5 berücksichtigen. Seite 6 nicht zu langsam, Letzter Takt, Seite 6, sehr ritardirt und stark den Akkord-Wechsel hervorheben. Das Thema Seite 8, sehr rasch! […]'"[22]

Ein Vergleich dieser Angaben mit der Tempogestaltung des *Lisztschen* Spiels in *Song of Love* ist aufschlussreich: Soweit man sie ungestört durch Bildschnitt und Dialog verfolgen kann und angesichts der Tatsache, dass die Bearbeitung nur gekürzt erklingt, legt sie die Kenntnis dieser Beschreibung nahe. Die enge Verbindung zwischen historischen Quellen und Film zeigt noch deutlicher ein Bericht von Lina Ramann aus dem Jahr 1883:

> „Es wurde Schumanns Widmung in der Bearbeitung Liszt's gespielt. Bei der Stelle ‚Du hebst mich liebend über mich, Mein guter Geist mein bess'res Ich' – rief Liszt aus: ‚Ja, ja, das hat mir Clara nie verziehen, daß ich das ‚bess're Ich' nicht verinnerlichte. Hinaus muß es! Hinaus – über uns!' (Bei Schumann zieht bei dieser Stelle sich der Klang leise zurück. Liszt veränderte sie und gab ihr einen großen breitfliegenden Charakter.)"[23]

Ob Clara Schumann seine Bearbeitung direkt kritisiert hatte oder ihre Kritik ihm hinterbracht worden war, wissen wir nicht. Der Ausruf von Liszt deutet nicht nur auf eine andere musikalische Vorstellung hin, sondern desgleichen auf ein anderes Liebesverständnis. Es ist nicht ausgeschlossen, dass die Drehbuchautoren die Erinnerungen an Liszt von Lina Ramann gelesen haben und sich von ihrem Bericht inspirieren ließen.

Auch Clara Schumann veröffentlichte eine Bearbeitung für Klavier solo, und zwar 1874 als eine Art Gegenentwurf zu Liszts Transkription. Sie gehört zu den *30 Mélodies de Robert Schumann transcrites pour piano par Clara Schumann*

---

[21]   Vgl. ebd., insb. 330–340.

[22]   Wilhelm Jerger: *Franz Liszts Klavierunterricht von 1884–86. Dargestellt an den Tagebuchaufzeichnungen von August Göllerich*, Regensburg 1975, 117, zit. nach ebd., 204.

[23]   Lina Ramann: *Lisztiana – Erinnerungen an Franz Liszt (1873–1886/7)*, Mainz 1983, 215.

(1873/74), die zunächst in Paris, im Maison Flaxland, Durand, Schoenewerk & Co. erschienen, 1886 dann auch in Deutschland als *Dreissig Lieder und Gesänge von Robert Schumann. Für Clavier übertragen von Clara Schumann* bei Ries & Erler in Berlin. Clara Schumann blieb sehr eng am Original und zog Singstimme und Klavierbegleitung zusammen, während Liszt in seiner Bearbeitung einige Einleitungstakte ergänzte, eine Coda hinzufügte und die Melodie der ersten Strophe ornamental variierend wiederholte. Die Originalharmonik behielt auch er bei.[24] Clara Schumann hat ihr Vorgehen folgendermaßen kommentiert: „Ich ging davon aus, dieselben so spielbar wie möglich zu machen (freilich gute Dilettanten gehören immer dazu) und dabei den Intentionen des Componisten so getreu zu bleiben, wie nur möglich, besonders auch in der Klangfarbe."[25] In *Song of Love* spielt *Clara Schumann* zwar ihre eigene Version, wird jedoch nicht als Autorin benannt, obwohl anhand ihres Spiels der eigenen Transkription im Film, wie bereits dargestellt, die verschiedenen ästhetischen Positionen von *Franz Liszt* und dem Ehepaar *Schumann* klingend und kommentierend miteinander konfrontiert werden. Aber es liegt in der Logik des Filmplots und seiner vor allem an Frauen gerichteten Botschaft, die eigenen künstlerischen Fähigkeiten der Realisierung des Werks des Mannes zu widmen, Clara Schumann ausschließlich als Interpretin der Werke ihres Mannes zu präsentieren.

Liszt überarbeitete sein *Liebeslied* wahrscheinlich 1860 noch einmal, veröffentlichte diese Version jedoch nicht. Stefan Bromen macht auf ein rhythmisches Detail in dieser Neubearbeitung aufmerksam: In Takt 43 löst Liszt die Achtelpunktierung auf. Wollte er nun das stille Verströmen verdeutlichen als Reaktion auf die Kritik von Clara Schumann? Wussten dies die Drehbuchautoren? Wer waren sie?

Als zwei der vier Autoren werden im Abspann Exilanten genannt: ein Ungar, Ivan Tors und die damals sehr bekannte deutsche Drehbuchautorin und Schriftstellerin Irmgard oder Irma von Cube. Als literarische Vorlage diente ihnen das heute unbekannte Theaterstück *Song of Love* von Mario Silva und Bernard Schubert. Wegen dieser Vorlage gilt der Film auch als Literaturverfilmung. Wollten die Drehbuchautoren nach dem Kulturbruch durch das NS-Regime an ein ‚besseres‘ Deutschland erinnern? Der Film kam im Oktober 1947 in die Kinos, also zwei Jahre nach dem Zweiten Weltkrieg. An ihm gearbeitet wurde 1946. 1950 wurde eine von 113 auf 30 Minuten gekürzte Fassung des Filmes unter dem Titel *The Schumann Story* veröffentlicht.[26] Wie sie aussah

---

24   Vgl. die Analyse der Bearbeitung durch Stefan Bromen: *Studien zu den Klaviertranskriptionen Schumannscher Lieder von Franz Liszt, Clara Schumann und Carl Reinecke*, Sinzig 1997 (Schumann Studien Sonderband, 1), 60f.

25   Zit. nach ebd., 116.

26   „[...] sketching the artistic triumphs and emotional upheavals in the lives of composer Robert Schumann, his wife Clara Wieck Schumann, and their friend, composer Johannes Brahms. Robert Schumann suffers more than most artists for his art, in that he is a victim of clinical depression, in an age when it could neither be diagno-

und über ihre Verbreitung ist nichts bekannt. Die Liszt-Szene ist aufgrund ihrer Länge sicher den Strichen zum Opfer gefallen.

Soundtrack

Vielleicht jedoch gab es noch andere Vermittler zwischen Fakten und Fiktion, nämlich die Musiker. Katharine Hepburn hatte unter Anleitung der Pianistin und Schülerin von Arthur Rubinstein, Laura Dubman (1924–1993), die im Abspann des Films als musikalische Beraterin genannt wird, Klavierunterricht genommen und in kürzester Zeit so viel gelernt, dass sie vor allem in der Anfangsszene selbst spielen konnte.[27] Aber wir verdanken den Soundtrack im Wesentlichen Arthur Rubinstein (1887–1982), für den es nach eigener Aussage ein Vergnügen war, die verschiedenen Spielweisen von Franz Liszt, Clara Schumann und Johannes Brahms zu imitieren.[28] Er, der seit 1937 in den USA lebte und 1946 die amerikanische Staatsbürgerschaft erhielt, hatte eine ganze Reihe von Soundtracks eingespielt und trat auch selbst in Filmen auf, so in *Carnegie Hall* und *Of Men and Music*. Ausgebildet worden war er u.a. in Berlin auf Empfehlung von Joseph Joachim, Freund von Clara Schumann und Brahms, von dem durch die Lisztsche Schule geprägten Karl Heinrich Barth. Barth gehörte mit zum Kreis um Clara Schumann-Brahms-Joachim. Vielleicht kannte er die Debatte. Es ist jedenfalls ohrenfällig, dass der von Rubinstein eingespielte Soundtrack sich deutlich von seiner Schallplattenaufnahme ebenfalls aus dem Jahr 1947 unterscheidet. Im Film ist sein Spiel auf die ‚Botschaft' des Films zugeschnitten, so hebt er beispielsweise sehr viel stärker als in seiner Schallplatten-Aufnahme die von Liszt der Schumannschen Originalmelodie hinzugefügten Figurationen und Ornamente hervor, auch in dynamischer Hinsicht unterscheiden sich beide Aufnahmen deutlich voneinander.[29] Rubinstein spielt verinnerlicht, besonders die melodische Linie zu der Gedichtzeile „Du hebst mich liebend über mich, mein guter Geist, mein bessres Ich", also die Passage, die Clara Schumann an Liszts Spiel besonders kritisiert hatte.

Wer weiß, vielleicht stammte die Szenenidee von ihm? Auch Arthur Rubinstein war jüdischer Herkunft. Der Rekurs auf die filmische und musikalische Verkörperung explizit deutscher Kultur durch die Konstellation *Robert* und *Clara Schumann* als das ‚eigentliche' Deutschland war vielleicht nicht nur ihm ein Anliegen, sondern desgleichen den anderen Musikern, die an dem Film beteiligt waren: Für den Soundtrack verantwortlich zeichneten nämlich ebenfalls zwei Emigranten, der in Köln geborene, die deutsche Tradition in den USA weiterführende Dirigent William Steinberg, urspr. Hans Wilhelm Steinberg

---

sed nor treated. His wife and friend struggle to support him and his work." Zit. nach http://www.imdb.com/title/tt0438971/plotsummary (abgerufen am 2.7.2020).
[27] Vgl. dazu Harvey Sachs: *Rubinstein – A life*, New York 1995, 289.
[28] Ebd.
[29] https://www.youtube.com/watch?v=Q76-RKTxWO4 (abgerufen am 2.7.2020).

(1899–1978) sowie der polnische Komponist zahlreicher Soundtracks Bronislaw Kaper (1902–1983), der ebenfalls u.a. in Deutschland ausgebildet worden war. In diesem Kontext könnte *Song of Love* als eine verherrlichende Beschwörung im Sinne von Karl Kraus einer von einer Frau gezeugten und von einem Mann geborenen, spezifisch deutschen Kunst verstanden werden.

Literatur

Barthes, Roland: *Musica Practica*, in: *Was singt mir, der ich höre in meinem Körper das Lied*, Berlin 1979, 40–41. (französischer Originaltitel: *Musica Practica*, in: *L'obvie et l'obtus, Essais critiques III*, Paris 1982, 231–235).

Borchard, Beatrix: *Clara Schumann. Musik als Lebensform. Neue Quellen. Andere Schreibweisen*, 2. Auflage Hildesheim 2019.

Dies.: *Darf man das? Robert und Clara Schumann als Filmhelden*, in: *Robert Schumann. Persönlichkeit, Werk und Wirkung. Bericht über die Konferenz Leipzig 2010*, hg. von Helmut Loos, Leipzig 2011, 483–494.

Dies.: *Öffentliche Intimität? Konzertgesang in der zweiten Hälfte des 19. Jahrhunderts*, in: *Musikbezogene Genderforschung, Liedersingen, Studien zur Aufführungsgeschichte des Liedes*, hg. von Katharina Hottmann, Hildesheim, Zürich, New York 2013, 109–126 (Jahrbuch Musik und Gender, 6).

Dies.: *Stimme und Geige: Amalie und Joseph Joachim. Biographie und Interpretationsgeschichte*, Wien 2005, 2. Auflage Wien 2007 (Wiener Veröffentlichungen zur Musikgeschichte, 5).

Dies.: *Von Robert zu Clara Schumann und zurück?*, in: *Schumann-Studien*, Bd. 9, hg. von Ute Bär, Sinzig 2008, 81–96.

Bromen, Stefan: *Studien zu den Klaviertranskriptionen Schumannscher Lieder von Franz Liszt, Clara Schumann und Carl Reinecke*, Sinzig 1997 (Schumann Studien, Sonderband, 1).

Jerger, Wilhelm: *Franz Liszts Klavierunterricht von 1884–86. Dargestellt an den Tagebuchaufzeichnungen von August Göllerich*, Regensburg 1975.

Kraus, Karl: *Kehraus*, in: *Die Fackel*, Nr. 229 vom 2.7.1907, 12.

Liszt, Franz: *Clara Schumann*, in: *Neue Zeitschrift für Musik* 41/23 (1. Dezember 1854), 245–252, wiederveröffentlicht als: *Clara Schumann* (1855), in:

Ders.: *Gesammelte Schriften*, Bd. 4, dt. bearb. von Lina Ramann, Leipzig 1882, 187–206.

Noeske, Nina: *Liszts* Faust. *Ästhetik – Politik – Diskurs*, Köln, Weimar, Wien 2017 (Musik – Kultur – Gender, 15).

Ramann, Lina: *Lisztiana – Erinnerungen an Franz Liszt (1873–1886/7)*, Mainz 1983.

Sachs, Harvey: *Rubinstein – A life*, New York 1995.

Seibold, Wolfgang: *Robert und Clara Schumann in ihren Beziehungen zu Franz Liszt*, Teil 1, Frankfurt am Main 2005.

Synofzik, Thomas und Anja Mühlenweg: *Briefwechsel von Clara und Robert Schumann*, Bd. III, Köln 2014 (Schumann Briefedition, Serie I, Bd. 4-7).

Synofzik, Thomas, Axel Schröter und Klaus Döge (Hg.): *Briefwechsel Robert und Clara Schumanns mit Franz Brendel, Hermann Levi, Franz Liszt, Richard Pohl und Richard Wagner*, Köln 2014 (Schumann Briefedition, Serie II, Bd. 5).

Mehr Lust als Liebe:
Die Erotik der Töne im *Fin de siècle*

Christoph Flamm

1. Musik und Sitten

Wie die Liebe selbst, so ist auch der wissenschaftliche Umgang mit ihr immer eine heikle Sache. Nach den Physiologen haben die Hirnforscher in jüngerer Zeit immer stärker betont, dass es sich hierbei im Wesentlichen um physiologische Vorgänge und vorprogrammierte Abläufe in Hirnarealen handelt, dass also der biologische Zwang zur Reproduktion unter dem kulturellen Deckmantel der Liebe ein biochemisch-neuronales Feuerwerk entzündet und letztlich die Biologie immer die Fäden in der Hand hält. Erotik und Sexualität sind indessen mit dem Phänomen der Liebe, um im Bilde zu bleiben, aufs engste verschlungen. Manche neuere Ratgeberliteratur hält die Idee der Liebe ohnehin für einen poetischen Irrtum. All das macht eine kulturwissenschaftliche Betrachtung der Sache allerdings nicht einfacher – gewiss nicht im Bereich der Musik.

Musik war, wie diese Aufsatzsammlung schon per se demonstriert, von Anbeginn ein bevorzugtes Auffangbecken für menschliche Amouren im weitesten Sinne. Die erotische Fieberkurve folgte dabei aber in erster Linie den zugehörigen Texten, die oft nur von bloßer Zuneigung und allenfalls stilisierter Liebeserfüllung sprachen, aber auf dem Wege metaphorischer Anspielungen mitunter doch recht freizügige erotische Perspektiven eröffneten. Das gilt für Oswald von Wolkenstein ebenso wie für die Madrigalkultur des 16. Jahrhunderts oder selbst für manches aus Brahms' vokaler Kammermusik, in der der Eros so tief und kunstvoll versteckt ist, dass er nur einem engsten Kreis von Eingeweihten überhaupt verständlich war, etwa seiner Brieffreundin Elisabeth von Herzogenberg. Die soziologische Dimension dieser chiffrierten erotischen Kommunikation im Kunstwerk hat Jan Brachmann mustergültig aufgezeigt:[1] Was sich bei Brahms vollzieht, ist über den markanten Einzelfall hinaus ein Symptom der Zeit. Genau hier könnte modellhaft Siegmund Freuds 1908 entwickelte These von der in der Kunst sich vollziehenden Sublimierung unterdrückter Triebe in der Kulturgesellschaft ansetzen.[2] Aber diese These ist nicht widerspruchsfrei, und ihre Diskussion würde zu viel Raum beanspruchen und für diesen Anlass ohnehin zu weit vom Thema wegführen. Es ist ja nicht einmal ganz einfach zu rekonstruieren, welche sittlichen Maßstäbe eigentlich um 1900 in den kunst-

---

[1]   Jan Brachmann: *„Ins Ungewisse hinauf..."* – *Johannes Brahms und Max Klinger im Zwiespalt von Kunst und Kommunikation*, Kassel u.a. 1999 (Musiksoziologie, 6).

[2]   Sigmund Freud: *Die „kulturelle" Sexualmoral und die moderne Nervosität*, in: *Sexual-Probleme* 4, 1908, 107–129, wieder in: ders.: *Gesammelte Werke*, Bd. 7, Frankfurt a. M. 1999, 141–167.

interessierten Gesellschaftsschichten galten, inwiefern also Erotik überhaupt
öffentlich thematisiert und rezipiert werden konnte. Einen Einblick in die Sitten des Fin de siècle gewährt uns als feinsinniger Beobachter Egon Friedell. In
seiner in den späten 1920er Jahren entstandenen *Kulturgeschichte der Neuzeit*
charakterisiert er nicht nur Politik, Literatur, Kunst und Philosophie, sondern
auch die Kleidung als Spiegel ihrer Zeit. Auf das mittlere 19. Jahrhundert zurückblickend, nennt Friedell die Krinoline, also den Reifrock, als markantestes
Element der Damenmode:

> „1856 tauchte der Reifrock in einer neuen, von der Kaiserin erfundenen
> Form auf, die die Roßhaarwülste durch eingelegte Stahlfedern ersetzte
> und ihn dadurch sehr leicht machte; er ist mit zahlreichen Volants garniert, die selbst wieder mit Rüschen, Bändern, Spitzen besetzt sind. Zu
> Anfang der sechziger Jahre war er so enorm weit, daß die Witzblätter behaupteten, die Pariser Straßenerweiterung sei seinetwegen durchgeführt
> worden, wie er denn überhaupt ein stehendes Objekt der Satire bildete.
> [...] Dieses groteske Kleidungsstück, das während der letzten drei Jahrhunderte dreimal in Europa geherrscht hat, scheint unausrottbar, und es
> ist gar nicht ausgeschlossen, daß es auch in unserer Zeit wieder emporkommen wird, wenn auch nur als Abendkleid. Es diente im zweiten Empire ebensowenig wie im Rokoko der Verhüllung, vielmehr war es Sache
> einer ausgebildeten Technik, durch geschickte Wendungen die Dessous zu
> zeigen; der Cancan erfüllte diesen Zweck in ausschweifender Weise. Nur
> geschieht hier, was man dort mit graziöser Schlüpfrigkeit tut, mit massiver Fleischlichkeit: das Rokoko degagiert, das Empire engagiert, wie man
> denn auch durchaus kein Moralist zu sein braucht, um die damalige Sitte
> der aufdringlichen Busenentblößung bordellhaft zu finden."[3]

Im ausgehenden 19. Jahrhundert dagegen, das Friedell selbst durchlebt hat,
konnte von einer Zurschaustellung von Körperteilen keine Rede mehr sein:

> „In der Damenkleidung machte sich das Penchant für das ‚Altdeutsche'
> darin geltend, daß Ende der siebziger Jahre die Rembrandthüte auftauchten, Anfang der achtziger Jahre die Puffärmel und die Gretchentaschen;
> männliche Personen trugen gern zu Hause und, wenn sie sich als Künstler
> fühlten, auch auf der Straße ein Samtbarett. Nach dem Zusammenbruch
> des Empire verschwindet die Krinoline, um einem noch groteskeren Kleidungsstück Platz zu machen: dem cul de Paris, der, in den achtziger
> Jahren enorm, bis 1890 herrscht, obschon mit Intervallen, in denen das
> später allgemein akzeptierte philiströse Prinzeßkleid erscheint; der Rock
> ist während des ganzen Zeitraums sehr eng, oft so anschließend, daß er im
> Gehen hindert; denselben Effekt haben die extrem hohen Stiefelabsätze.
> Seit 1885 beginnen sich die Puffärmel zu den abscheulichen Schinken-
> oder Keulenärmeln zu erweitern; auch der Kapotthut fällt bereits in diesen Zeitraum. Die Haare werden an der Stirnwurzel abgeteilt und als

---

3   Egon Friedell: *Kulturgeschichte der Neuzeit*, 3 Bde., 1927–1931, Bd. 3, 765.

‚Ponylocken' in Fransen nach vorn gekämmt. Vortäuschung eines abnorm entwickelten Gesäßes und zu hoher Schultern, chinesischer Watschelgang, Großmutterhaube, Schafsfrisur: man muß sagen, daß die damalige Mode alles getan hat, um das Exterieur der Frau zu verhäßlichen. Zugleich setzte eine Prüderie ein, wie sie vielleicht von keiner bisherigen Zeit erreicht worden ist; weder von der Brust noch von den Armen durfte das geringste Stück zu sehen sein, die Waden, ja auch nur die Knöchel zu zeigen, war der ‚anständigen Frau' aufs strengste untersagt; auch im Seebad stieg sie von Kopf bis Fuß bekleidet ins Wasser; mit einem Herrn allein im Zimmer zu bleiben oder ohne Gardedame die Straße zu betreten, war ihr unter keinen Umständen gestattet; Worte wie ‚Geschlecht' oder ‚Hose' durften sich in ihrem Vokabular nicht vorfinden."[4]

Was Friedell auf feuilletonistische Weise beschreibt, sind also gegenläufige Tendenzen. Ein bigottes Bürgertum, wie es uns spätestens seit Zola vertraut ist, laviert sich über Jahrzehnte durch eine zwischen den Extremen von Prüderie und Prostitution zerriebene Sinnlichkeit. Zeitgleich mit dem Eiffelturm öffnet 1889 das Moulin Rouge seine Pforten, ein Tempel zur Befriedigung mindestens voyeuristischer Bedürfnisse, aber, wenn wir an seinen Dauergast Henri de Toulouse-Lautrec denken, doch auch teilweise ein artistischer Gegenentwurf zur erstickenden Enge bürgerlicher Lebenswelten. Die Kunst des Andeutens legt nun eine Pause ein: 1893 lässt das Moulin Rouge eine völlig nackte Kleopatra defilieren, getragen von vier Männern und umgeben von einem Gefolge ebenfalls nackter Mädchen auf Blumenbeeten, der Skandal ist komplett. In den großen europäischen Städten eröffnen ähnliche Varietés, die nun dem traditionellen Tanztheater Konkurrenz machen und das nicht nur in ästhetischer Hinsicht. Die kaiserlichen Ballette in Petersburg und Moskau sind für ihre Prüderie berüchtigt, die Körper waren grundsätzlich vollständig mit Stoff bedeckt, und sei es hautfarbene Gaze. Sergei Djagilews *Ballets Russes* brachen kurz vor 1910 aus dieser Tradition aus, sie strebten ganz gezielt eine Erotisierung des Balletts an und zwar über das altbekannte Wundermittel des Exotismus, der universellen Projektionsfläche für Fantasien aller Art. Das wirkte sich nicht nur auf die Sujets aus, sondern noch direkter auf die zunehmend gewagten Kostüme etwa von Leonid Bakst. Den als Bühnenbildner für Djagilev tätigen Alexandre Benois versetzte der Anblick nicht mehr ganz mit Stoff bedeckter Tänzerinnen bei der Probe in einen Rausch: „Ich war in das Paradies eines Sultans eingedrungen, umgeben von Hunderten nackter Schultern und Arme und weißer Tutus. Eine Emanation von Weiblichkeit erfüllte den Raum. Tscherepnin murmelte: ‚Sehen Sie nur, all das Fleisch!'"[5]

Gegenüber der unmittelbar zur Schau gestellten Körperlichkeit des Tanztheaters boten die bildenden Künste den verdrängten Trieben ein von den Wei-

---

[4] Ebd., 868f.
[5] Alexandre Benois: *Memoirs*, 2 Bde., London 1964, Bd. 2, 239.

hen ikonographischer Traditionen geschütztes Refugium. Das Erotische konnte hier durch die vielen Hintertüren der Mythologie, Metaphorik oder des Orientalismus eben nicht nur in Boudoirs, sondern auch in Galerien und Privathaushalte gelangen. Dagegen musste die Literatur des bürgerlichen Realismus und dann Naturalismus erotische Elemente, meist bar aller Verbrämung, viel genauer konkretisieren, das heißt je nach Stand der Zensur mehr oder weniger behutsam dosieren. Stärkere Dosen waren möglich, sobald man sich in symbolistische, expressionistische, surreale oder dekadente Abgründe begab.

Die Musik wiederum blieb als am wenigsten begrifflich fassbare Kunstform gleichsam unbefleckt, es sei denn, sie bezog sich wie in Liedern, Opern und Programmmusiken auf textuelle Elemente. Und doch fand in der zweiten Hälfte des 19. Jahrhunderts zweifellos eine Erotisierung der musikalischen Mittel selbst statt, eine Aufladung der Klänge mit Sinnlichkeit, die schließlich die Ausdruckskraft von Worten und Bildern weit hinter sich lassen sollte. In Thomas Manns *Buddenbrooks* weigert sich der Lübecker Organist Pfühl, aus Wagners *Tristan und Isolde* zu spielen: „Das ist keine Musik... [...] Dies ist das Chaos! Dies ist Demagogie, Blasphemie und Wahnwitz! Dies ist parfümierter Qualm, in dem es blitzt! Dies ist das Ende aller Moral in der Kunst."[6] Und Pjotr Tschaikowski schrieb an seine Gönnerin Nadeschda von Meck, dass allein die Musik den allumfassenden Charakter des Liebesgefühls zu vermitteln vermag: „Ich bin überhaupt nicht einverstanden mit Ihnen, dass Musik nicht das Gefühl der Liebe in all seinen umfassenden Eigenschaften wiedergeben kann. Ich denke genau umgekehrt, dass einzig und allein die Musik dies vermag. Sie sagen, dass man hier Worte benötigt. O nein! Gerade hier sind doch Worte nicht nötig, und dort, wo sie machtlos sind, erscheint in ihrer vollen Rüstung eine beredtere Sprache, nämlich die Musik."[7] Die inbrünstige Leidenschaft beispielsweise des langsamen Satzes aus Tschaikowskis Fünfter Symphonie zeigt ziemlich deutlich, dass er – auch ohne dass wir die Anweisung *con desiderio* in der Partitur gesehen haben – einen Liebesbegriff in Töne setzt, der im Prinzip von der zartesten Regung bis zum Orgasmus alles mit einschließt, wie *Isoldens Liebestod* auf andere Weise auch.

Es entsteht also im Laufe des 19. Jahrhunderts eine Erotik in Tönen, die unabhängig von textuellen Zusätzen ‚funktioniert', indem sie Analogien zu erotischer Leidenschaft ausbildet. Genau dieses Thema soll hier im Zentrum stehen. Wie eingangs angemerkt, ist allerdings ein wissenschaftlicher Umgang mit derart subjektiven künstlerischen Aspekten alles andere als einfach. In der Literaturwissenschaft beispielsweise kam schon vor Jahrzehnten eine grundlegen-

---

6   Thomas Mann: *Buddenbrooks. Roman*, Frankfurt 1922, 339.

7   Brief vom 9. (21.) Februar 1878, zit. nach P. I. Čajkovskij: *Polnoe sobranie sočinenij. Literaturnye proizvedenija i perepiska*, Bd. VII: Pis'ma, Moskau 1962, 103–106, hier 105 (dt. Übersetzung vom Verf.).

de Skepsis gegenüber der Beschäftigung mit Gefühlen in literarischen Werken auf, die zuvor als gleichsam objektive Autorenintention hermeneutisch ablesbar schienen. Die Verbannung solcher irrationaler Ebenen aus der literaturwissenschaftlichen Analyse vollzog sich in den 1970er Jahren, weil sie als rein subjektive Phänomene weder intersubjektiv erfassbar noch objektivierbar seien. Ende der 1980er Jahre nahm die empirische Forschung literarische Emotionen wieder ernst, aber nun als Rezeptionsphänomen, also in der konstruktivistischen Sicht als eines bloßen Stimulus für den Rezipienten. In den 1990er Jahren schließlich wurde Emotion auch außerhalb empirischer Ansätze von der Literaturwissenschaft neu befragt, etwa im Rahmen von Fragen zur Körperlichkeit, in der Diskursanalyse oder Mentalitätengeschichte. Doch kreisen all diese Forschungsperspektiven nicht um das Sprachmaterial selbst, sondern um dessen Kontexte. Die Literaturwissenschaftlerin Simone Wonke hat daher ihrer 2003 publizierten Dissertation *Kodierte Gefühle: Zu einer Poetik von Emotionen in lyrischen und poetologischen Texten um 1900*[8] eine grundlegende methodologische Diskussion vorausgeschickt. Sie hält literarisch gestaltete Emotionen durchaus auch für wissenschaftlich erforschbare Textphänomene, die weder nur intuitiv noch nur als diskursive Elemente erfassbar sind. Man kann *mutatis mutandis* eine ähnliche Position in Bezug auf die wissenschaftliche Analyse von gestalteter Emotion in der Musik einnehmen: Sie ist zwar auf das subjektive Erleben der Rezipienten angewiesen, aber den Partituren gleichwohl eingeschrieben. Was bedeutet, dass bei der Analyse keine unumstößlichen Ergebnisse zu erzielen sind, aber vielleicht immerhin Ergebnisse.

Wie also wird, um nun endlich konkret zu werden, das Gefühl der leidenschaftlichen oder lustvollen Liebe musikalisch kodiert? In seiner Monographie *Wagner and the Erotic Impulse* von 2010 hat Laurence Dreyfus einleitend beispielhaft 13 verschiedene Mittel angeführt:[9] Hohe und tiefe Instrumente oder Register können Geschlecht und Körperposition suggerieren, eine harmonische Verzögerung: die ersehnte erotische Begegnung. Einander umschlingende Körper lassen sich durch melodische Kombinationen und doppelten Kontrapunkt darstellen, Körperkurven oder deren Berührung durch melodische Kurven nachzeichnen. Die taktile Beschaffenheit von Körpern lässt sich mit unterschiedlichen Instrumentalfarben suggerieren, eine vereitelte oder sich erfüllende Sehnsucht durch chromatische Stimmführung, die diversen Stadien des Liebesvollzugs mithilfe von Trugschlüssen, Atemlosigkeit durch Pausen und Zäsuren, obsessive Akte durch Repetition rhythmischer Muster, lustvolle Schauer durch Streichertremoli. Ein Crescendo mag für zunehmende Lust stehen, erotisch konnotierte Tierlaute wie die Nachtigall können instrumental symbolisiert werden, und schließlich lässt sich der sexuelle Höhepunkt durch perkussive Ausbrüche

[8] Simone Wonke: *Kodierte Gefühle. Zu einer Poetik der Emotionen in lyrischen und poetologischen Texten um 1900*, Berlin 2003.
[9] Laurence Dreyfus: *Wagner and the Erotic Impulse*, Cambridge, MA, London 2010, 12.

und tonale Schlussbildung darstellen.

Soweit Dreyfus. Man wird einwenden, dass nicht alle der hier genannten Elemente musikalischer Gestaltung gleichermaßen effektiv, nur wenige eindeutig und viele kaum nachweisbar sind. Aber immerhin vermittelt uns diese Auflistung einen Eindruck davon, wie Musik unabhängig von textlicher Konkretion die Vorstellung von erotischer Intensität erzeugen kann. Solchen Verfahrensweisen sei nun im Folgenden nachgespürt, ganz unabhängig von Dreyfus' Sammelsurium, und zwar anhand von drei für das Komponieren um 1900 ebenso charakteristischen wie unterschiedlichen künstlerischen Positionen, in denen jeweils die Idee der zur Erotik gesteigerten Liebe vehement zutage tritt: bei Aleksandr Skrjabin, Ernst von Dohnányi und Claude Debussy. Doch um die Ausgangslage besser zu verstehen, blicken wir zunächst kurz zurück in das mittlere 19. Jahrhundert. Wie hatten Komponisten zuvor die Vereinigung zweier Seelen in Töne gesetzt?

2. Musikalische Vereinigungen im 19. Jahrhundert

Felix Mendelssohn stellte 1837 ans Ende seines dritten Heftes von *Liedern ohne Worte* ein im Original so betiteltes *Duetto*. Die kompositorische Grundidee ist, Diskant und Bariton respondierend singen zu lassen, um sie am Ende majestätisch in Oktaven zu vereinen. Die Symbolik ist evident, aber da Melodie und Begleitung fast wie in einem Bach'schen Kantatensatz daherkommen, bleibt diese Vereinigung ‚keusch'.

(a)

(b)

(c)

Notenbeispiel 1: Felix Mendelssohn Bartholdy *Lieder ohne Worte* op. 38 Nr. 6. Duetto, (a) T. 1–3; (b) T. 6–7, (c) T. 32–34

Als „das schönste Liebesduett"[10] bezeichnete Clara Schumann in einem Brief die zweite der im Winter 1839 entstandenen Romanzen op. 28 ihres Gatten Robert Schumann. Da die beiden anderen Romanzen des Heftes sowohl formal als auch in ihrem balladesken bzw. marschartigen Charakter sich von diesem Stück drastisch unterscheiden, muss Schumann unter dem Begriff Romanze damals ein sehr breites Spektrum verstanden haben, jedenfalls nicht automatisch die Idee zärtlicher Liebe. (Der langsame Satz der 1841 entstandenen Vierten Symphonie ist dann wieder als Romanze betitelt.) Das zweite Stück in Fis-Dur jedenfalls verwirklicht die Idee der innigen Zweisamkeit durch das Singen in parallelen Terzen.

(a)

---

[10] Brief vom 1. Januar 1840, zit. nach Berthold Litzmann: *Clara Schumann. Ein Künstlerleben. Nach Tagebüchern und Briefen*, Bd. 1: *Mädchenjahre 1819–1840*, Leipzig 1925, Reprint Hildesheim 1971, 383.

Ganz am Ende bleibt nur die Terz stehen, mit der das Stück begann: Sie klingt über den pochenden Dominant-Orgelpunkt hinaus, der etwas von der seelischen Erregung der Liebenden zu transportieren scheint.

(b)

Notenbeispiel 2: Robert Schumann: *Romanzen* op. 28 Nr. 2, (a) T. 1–4; (b) T. 31–34

Ein eben solches dominantisches Herzpochen hören wir auch eineinhalb Jahrzehnte später beim jungen Brahms. Brahms ist uns ja alles in allem eher geläufig für versteckte Botschaften, die bis zum hermetischen Geheimcode reichen können, etwa wenn bestimmte Tonfolgen auf den Namen Clara verweisen sollen; beim reifen Komponisten kommt es sehr selten zum Ausbruch offener Leidenschaft, und falls doch, dann gut verpackt als bloße Episode innerhalb größerer Formteile (wie etwa im Klaviertrio op. 87 das Trio im Scherzo). Ein Brahms'scher „Liebestraum" à la Liszt scheint undenkbar. Und doch gibt es ihn. Das Andante aus der 1853 fertiggestellten f-Moll-Klaviersonate op. 5 ist eine unverblümte Liebesmusik samt Höhepunkt. Brahms stellt dem Satz drei Verse aus dem Gedicht *Junge Liebe* von C. O. Sternau alias Otto Julius Inkermann voran:

> Der Abend dämmert, das Mondlicht scheint,
> Da sind zwei Herzen in Liebe vereint
> Und halten sich selig umfangen.

Wie sein Biograph Max Kalbeck berichtet, hatte Brahms das ganze Gedicht in sein Hamburger Liederheft eingezeichnet, er wollte es also ursprünglich als Lied komponieren.[11] Bei Sternau geht das Gedicht wie folgt weiter:

> Es weht und rauschet durch die Luft,
> Als brächten die Rosen all ihren Duft,
> Als kämen die Englein gegangen.

---

[11]   Vgl. Max Kalbeck: *Brahms*, Bd. 1, 1. Halbband 1833–1856, Berlin 1904, 119.

Ich küsse dich zum ersten Mal,
Ich küsse Dich viel tausend Mal.
Ich küsse dich immer wieder;
Auf Deine Wangen lange Zeit
Rollt manche Träne der Seligkeit
Wie eine Perle nieder.

Die Stunde verrauscht, der Morgen scheint,
Wir sind noch immer in Liebe vereint
Und halten uns selig umfangen.
Es weht und rauschet durch die Luft,
Als brächten die Rosen all ihren Duft,
Als kämen die Englein gegangen.[12]

Walter Niemann hat diesen Satz in seiner Brahms-Monographie von 1920 pathetisch beschrieben:[13] Demnach „schwärmt der blonde Johannes in der herrlichen, traulich tief und deutsch empfundenen großen Liebesszene ihres f-moll-Andante." Die ganze Sonate verdanke ihren Ruhm „wohl nicht zuletzt diesem wunderbaren Satz, der so groß, klar und einfach gegliedert ist und die ganze zarte Liebesschwärmerei des deutschen Jünglings ausströmt". Wir folgen Niemann weiter:

> „Wie das Hauptthema mit jeder seiner drei Wiederholungen in der Mittelstimme lebhafter figuriert wird, wie der erste Seitensatz in As-dur die ätherische hohe Diskantlage des Klaviers ausnutzt, wie in die zarten Liebesseufzer des jungen Paares im zweiten Thema – Poco più lento, Des-dur – in der Höhe das Glöcklein der Dorfkirche hineintönt, wie in dessen Mittelsätzchen – con passione e molto espressivo – die Liebesleidenschaft erwacht, wie endlich nach Wiederholung des Hauptsatzes alles in Stille und Dämmer des Sommerabends versinkt und auf dem traumhaft in der Tiefe murmelnden obstinaten Sechzehntelmotiv g as des Basses sich das große Notturno des Des-dur-Schlußteiles vorbereitet – das ist so einzig schön, zart und romantisch empfunden, daß das arme Wort hier versagen muß. [...] [Alles löst sich] in jenen himmlisch schönen und zart gedämpften Des-dur-Teil des Andante molto auf, der, sinnig und leise an die alte Volksweise ‚Steh' ich in finst'rer Mitternacht' anklingend, in seinem verklärten Frieden die hell strahlenden Sterne vom Himmel herabzuholen und über das still und langsam im Schweigen der Nacht dahinwandelnde Liebespaar auszuschütten scheint."

---

12 Zit. nach ebd.
13 Walter Niemann: *Brahms*, Berlin 1920, 187f. Die folgenden Zitatausschnitte sind diesen Seiten entnommen.

(a)

(b)

(c)

Steh' ich in fin - strer Mit - ter - nacht   so ein-sam auf   der fer-nen Wacht.

Notenbeispiel 3: (a) Johannes Brahms: Klaviersonate op. 5, 2. Satz, Coda, T. 144–146; (b) T. 163–165; (c) Volksweise über Wilhelm Hauffs Gedicht „Treue Liebe" (Steh ich in finstrer Mitternacht)

Selbst auf Wagner, Brahms' Antipoden, hat dieser erstaunliche Satz einge-wirkt. Er hörte die Sonate 1863. In den zur selben Zeit entstehenden *Meister-singern von Nürnberg* singt Hans Sachs im II. Aufzug am Ende des sogenannten Fliedermonologs in lauer Nacht (mit der Anweisung „sehr zart"): „Dem Vogel, der heut sang, dem war der Schnabel hold gewachsen." Sowohl der nach der Generalpause einsetzende, pochende Dominantorgelpunkt als auch die melodi-sche Linie folgen Brahms' Coda recht getreu, wenn auch nur für einen kurzen Moment (vgl. Notenbeispiel 4).[14] Aber bezeichnenderweise geht es hier in Hans

---

[14]   Vgl. Kalbeck: *Brahms* (wie Anm. 11), 215f.

Sachsens lauer Sommernacht gar nicht um Liebe, sondern um Kunst! Für musikalische Erotik hatte Wagner mit *Tristan und Isolde* schon vor 1860 ein völlig anderes und damit zugleich das einflussreichste Modell überhaupt geschaffen. Immerhin, die in einer großen melodischen Welle sich lautstark aufbäumende Leidenschaft mag mit Brahms' Idee von kulminierendem Liebesglück eine gewisse Verwandtschaft haben.

Notenbeispiel 4: Richard Wagner: *Die Meistersinger von Nürnberg*, II. Aufzug, T. 362–367

Viel stärker jedoch fallen die enormen Unterschiede zwischen Brahms und Wagner auf. Hier wären natürlich harmonische Phänomene zu nennen, die extreme Chromatisierung der Tonsprache, im Prinzip auch der schiere Nuancenreichtum und nicht zuletzt das Ausmaß der angestauten und dann überquellenden Leidenschaft. Aber die tiefste Differenz liegt im Grundverständnis von Erotik: Wagner begreift das Liebesverlangen im Prinzip als eine unendliche Sehnsucht. Mit dem *Tristan*-Akkord im Vorspiel ist die Chiffre dafür gefunden, und noch das Nachspiel nach dem Liebestod wiederholt die immer gleiche, vorhaltsgesättigte, obsessiv in sich kreisende Hauptphrase.

(a)

(b)

Notenbeispiel 5: Richard Wagner: *Tristan und Isolde*; (a) Beginn des Vorspiels; (b) Isoldes Liebestod

3. Skrjabin

Dieses „Ende aller Moral in der Kunst", wie Thomas Mann es ausdrückte, war für andere Komponisten erst ein Anfang, ganz besonders für Aleksandr Skrjabin. Schon in den frühen Etüden und Präludien zeichnete sich die nach Chopin'schem Vorbild gestaltete emotionale Intensität seiner Musik ab. Um 1900 geriet er dann in den Sog Wagners; nun traten auch konkrete poetische Ideen in Form von textuellen Elementen zu seinen Werken hinzu. Die 1903 entstandene 4. Klaviersonate in zwei Sätzen besitzt einen, wenn auch wohl erst nachträglich entstandenen, poetischen Begleittext: „In leichtem Schleier, durchsichtigem Nebel / strahlt weich ein Stern, weit weg und einsam. / Wie schön! Das bläuliche Geheimnis / Seines Glanzes winkt zu mir, wiegt mich ein. / Bring mich zu dir, ferner Stern! / Bade mich in deinen zitternden Strahlen, süßes Licht! / Heftiger Wunsch, wollüstiger, wahnsinniger, süßer, / Ohne Unterlaß verlange ich nach dir, kein / Anderes Ziel habe ich, als zu dir zu gelangen. / Jetzt! Freudig schwinge ich mich zu dir empor, / Frei nehme ich meine Flügel. / Toller Tanz, gottgleiches Spiel! / Berauschendes, glühendes! / Zu dir, vielbewunderter Stern, / Führt mich mein Flug. / Zu dir, frei geschaffen für mich, / Zu dienen bis zum Ende – mein Freiheitsflug! / In diesem Spiel, reine Laune, / Vergesse ich dich für Augenblicke / Im Strudel, der mich trägt, / Drehe ich mich in deinen flackernden Strahlen / Im Wahnsinn des Verlangens, / Du verblassendes, du fernes Ziel! / Du ausgedehntester Stern! Jetzt eine Sonne, / Flammende Sonne! Sonne des Triumphs! / Ich komme dir näher in meiner Sehnsucht, / Bade mich in deiner Wellenbewegung – du Freude-Gott! / Ich sauge dich ein, Lichtmeer, du Licht meiner selbst, / Ich verschlinge dich!"[15]

Die beiden Zustandsarten der Sonate – unerfüllte Sehnsucht im ersten Satz, rauschhafte Entgrenzung im zweiten Satz – werden in den poetischen Bildern vom fern leuchtenden Stern hinter Nebelschleiern und dem freudigen Flug ins All treffend wiedergegeben, es gibt den Moment des Abhebens („Jetzt!") und am Ende die kosmische Verschmelzung durch triumphal gesteigerte Wiederkehr des Sehnsuchts-Themas, nun als Erfüllung. Die Licht- und Feuer-Symbolik, das schmachtende Sehnen wie auch das Motiv des Fliegens und delirierenden Tanzens als Zeichen der Erdüberwindung sind für Skrjabins spätere Werke konstitutive Elemente. Hier in der 4. Sonate erscheinen sie erstmals explizit in Form von Vortragsbezeichnungen wie *con voglia, volando, focosamente.* Zur Darstellung des sehnsüchtigen Verlangens bedient sich Skrjabin motivisch und harmonisch einschlägiger musikalischer Mittel wie chromatisch absinkender Nebenstimmen oder permanenter Sept- oder Nonenakkorde.

---

[15]   Zit. nach Sigfried Schibli: *Alexander Skrjabin und seine Musik. Grenzüberschreitungen eines prometheischen Geistes*, München 1983, 176f. Das mutmaßlich französische Original ist unpubliziert, der Text nur in russischen Übersetzungen bekannt.

In T. 8 wird Wagners „Tristanakkord" wörtlich zitiert: als klingendes Emblem unerfüllter Sehnsucht nicht nur im abstrakten, sondern eben auch im konkret erotischen Sinn.

(a)

(b)

Notenbeispiel 6: Alexander Skrjabin: 4. Klaviersonate op. 30, (a) I. Satz, T. 1–8; (b) II. Satz, T. 144–147

Skrjabins Sonatendenken beruht insgesamt auf einer erotisch konnotierten Dichotomie von passiven und aktiven Gestalten, also nach seinem Verständnis von chromatisch niedersinkenden weiblichen und männlichen Figuren, wie etwa fanfarenartig aufsteigenden Quarten. Die poetische Vereinigung mit dem Stern ist eine kaum verhüllende Metapher für den hinausgezögerten und schließlich orgiastisch vollzogenen Geschlechtsakt, für den Wagner mit *Isoldens Liebestod* einen Prototyp geschaffen hatte. Die maximale Hinauszögerung des musikalisch-poetischen Höhepunktes, impliziter Leitgedanke der Sonate, bewirkt Skrjabin, indem er den Dreiklang der Grundtonart Fis-Dur in beiden Sätzen fast vollkommen ausspart, um ihn dann in den Schlusstakten als Erlösung monumental auszubreiten.[16]

Ein deutlicher Knackpunkt in all solcher auf eine Kulmination zustrebenden Musik um 1900 ist die Frage nach der Gestaltung und vor allem dem Sinn des Schlusses: Ist es der Höhepunkt selbst, oder gibt es ein Nachspiel? Aber was könnte auf einen derart kunstvoll zelebrierten Höhepunkt noch folgen? Der Topos des strahlenden Dur-Schlussklanges wirkte bei Skrjabin eigentlich schon in der vierten Sonate nahezu überholt. Dass er den Durdreiklang nicht nur im *Poème de l'extase*, sondern selbst noch im *Prométhée*, dem *Poème du feu*, als stereotypen Schlussklang einsetzt, obwohl dort das Dur-Moll-tonale Denken bereits vollständig zugunsten von transponierbaren sechstönigen Akkordfeldern aufgegeben worden war, zählt zu den problematischen Aspekten seines Schaffens. Offensichtlich handelt es sich hier weniger um eine kompositionstechnische als eine ästhetische Problematik: Was ist das Ziel all der sensualistischen Lust? Darf sie überhaupt ans Ziel gelangen? Sigfried Schibli hat die Problematik erkannt, dass es in Skrjabins Konzept nichts Faderes gibt, als den Höhepunkt tatsächlich erreicht zu haben, und mit Ovids Diktum kommentiert: „post coitum omne animal triste".[17] Die von Skrjabin mit *langueur* oder *languido* bezeichneten Passagen des sehnsüchtigen Verlangens rufen den Wunsch nach spannungslösender Kulmination hervor, doch nur, um immer wieder von neuem zu beginnen und möglichst in immer größerer Intensität. Diese bei Skrjabin zunächst deutlich sexuell konnotierte, in seinem Spätwerk zunehmend abstrakter, kosmisch und spirituell verstandene Lüsternheit hat etwas Unersättliches. Der Wunsch nach immer größerer Intensität durch Gestaltung mehrfacher, schubförmiger Kulminationen (um nicht von multiplen Orgasmen zu sprechen), die in einem spiralförmig konstruierten Sonatenkörper auf immer höherer Ebene sich vollziehen, musste irgendwann in eine Sackgasse führen, jedenfalls was die Akkumulation der musikalischen Mittel betrifft. In seiner zehnten und letzten Sonate löste Skrjabin dieses Problem, indem er die

---

[16] Vgl. Kenneth Smith: *Erotic Discourse in Scriabin's Fourth Sonata*, in: British Postgraduate Musicology 7 (June 2005). Online-Publikation (http://britishpostgraduatemusicology.org/bpm7/smith.html, Abruf am 27.04.2019).

[17] Schibli: *Skrjabin* (wie Anm. 15), 309.

letzte, auf eine überwältigende Triller-Kulmination folgende Entwicklungsstufe als Entmaterialisierung, als ekstatische Auflösung in Partikel gestaltet.

Um dem Stereotyp platter Durschlüsse zu entgehen, hat Skrjabin schon früh eine Vorliebe für delikat hinausgezögerte letzte Vorhaltsauflösungen entwickelt. Dies konnte bis zu einem Schillern von Vorhalt und Zielton reichen, so etwa 1904 im *Feuillet d'album* op. 45 Nr. 1. Der entscheidende Schritt vollzog sich 1908 in einem kleinen Klavierstück mit dem bezeichnenden Titel *Désir* (Verlangen) op. 57 Nr. 1: Im Autograph führt die Schlusskadenz ursprünglich in reines C-Dur; Skrjabin strich die oberen Töne des Schlussklangs aber durch und ersetzte sie durch die dominantischen Töne des vorausgegangenen Akkords, es ergibt sich eine Mischung aus Tonika und quintalteriertem Dominantnonakkord. Mit anderen Worten: Die Spannung bleibt auch ganz am Ende unaufgelöst. Die Sehnsucht ist eine unendliche geworden. Alle Lust will Ewigkeit, das wusste auch schon Wagner. Aber Skrjabin macht damit nun harmonischen Ernst.

(a)

(b)

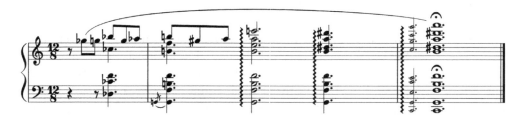

Notenbeispiel 7: (a) Alexander Skrjabin: *Feuillet d'album* op. 45 Nr. 1, T. 21–27; (b) *Désir* op. 57 Nr. 1, T. 12–14 (Überarbeitung des Schlussklanges gemäß dem Autograph)

Genau in dieser Zeit entsteht denn auch Skrjabins Verfahren, komplexe Akkordfelder als Grundklang zu akzeptieren, die keiner Auflösung mehr bedürfen. Mir scheint, dass die dahinterstehende Idee weniger der Wunsch nach Überwindung von Dur und Moll als derjenige nach einer Permanent-Spannung in der Musik war: Die Vorstellung ewiger Lusterfülltheit, natürlich in einem sehr weit gefassten Sinne, katalysierte somit eines der kompositionsgeschichtlich markantesten Phänomene der klassischen Moderne, und das war kaum Zufall. In derart radikal gewandeltem harmonischem Kontext blieben Skrjabins darstellerische Mittel wie etwa schmachtende chromatische Sekundseufzer (*con voglia*) noch immer dieselben, beispielsweise im *Feuillet d'album* op. 58 (1909), das am Ende erneut den Gedanken der immer weiter hinausgezögerten Vorhaltsauflösung aufgreift.

Genau diesen Entwicklungsstand weist auch das unmittelbar nach dem *Prométhée* entstandene *Poème-Nocturne* op. 61 auf: eine ununterbrochen schillernde Grunddissonanz, auf der sich melodische Gebilde als Seelenzustände entfalten: *avec une grâce capricieuse, comme une ombre mouvante, comme un murmure confus, avec une volupté dormante, avec langueur, comme en un rêve, de plus en plus passionné, avec une soudaine langueur, avec charme* – so und anders lauten die Stadien des Nachtpoems. Viele, aber bei weitem nicht alle Stücke des späten Skrjabin greifen auf diese im Prinzip narrative Textschicht zurück, die achte Sonate etwa ist völlig frei von poetischen Elementen. Aber dort, wo sie stehen, konnte jedermann die erotische Dimension der Musik nicht nur hören, sondern auch schwarz auf weiß ablesen. War sie also doch ,pornographisch'? Skrjabin bezeichnete sein *Poème de l'extase*, sowohl das Orchesterwerk wie auch seine gleichnamige Dichtung, auf der es beruht, in Briefen und Notizbüchern lange Zeit als *Poème orgiaque* – ein Titel, der wohl aufgrund seiner obszönen Assoziationen nicht zur Veröffentlichung taugte. Die Zeitgenossen rümpften über Skrjabins so deutlich aus dem Bereich der Erotik stammende Werktitel und Vortragsanweisungen die Nase, sahen in ihm einen Erotomanen. Das war wohl nicht ganz verkehrt. In Skrjabins Notizbuch aus den Jahren 1904 und 1905 wird die Parallelität von transzendenter und körperlicher Vereinigung schon auf den ersten Seiten angesprochen: „Durch mein Schaffen, durch meine göttliche Schönheit will ich die Menschheit fesseln. Ich will das hellste Licht, die leuchtendste (einzige) Sonne sein, ich will (das All) mit meinem Licht erleuchten, ich will alles in mich fassen, alles mit meinem Ich umschließen. Ich will der Welt Seligkeiten schenken. Ich will die Welt nehmen und besitzen (wie ein Weib)."[18] Für Skrjabin hatte der transzendente Schöpfungsakt im erotischen Akt sein Vorbild und Gleichnis. Insofern geht er über die Wagnersche Erotik deutlich hinaus: Nicht mehr die Ekstase zwischen zwei Liebenden, sondern die Verzückung im göttlichen Schöpfungsrausch wird in Töne gesetzt.

---

[18]   Alexander Skrjabin: *Prometheische Phantasien*, übersetzt und eingeleitet von Oskar von Riesemann, Stuttgart u.a. 1924, 37.

„Wenn [die Menschheit] die äußerste Grenze ihrer Steigerungsmöglichkeit
erreicht hat – und dieser Augenblick ist nicht mehr fern –, so wird ihre Wonne sich auf den ganzen Organismus übertragen. Wie der Mensch
während des Geschlechtsakts, im Augenblick der Ekstase, die Besinnung
verliert und sein ganzer Organismus an allen seinen Punkten einen Won-
nezustand durchlebt, so wird auch der Gott-Mensch, indem er die Ekstase
erlebt, das Weltall mit Seligkeit erfüllen und eine Feuersbrunst der Empfindungen entzünden.“[19]

Skrjabin wähnte sich als Auserwählten, der die Menschheit mit seiner Kunst
auf eine höhere Stufe führen würde. Solche nietzscheanischen Anwandlungen
hatten ja auch andere wie Schönberg und Kandinsky, damit stand Skrjabin
sicherlich nicht allein; doch die Konsequenz, mit der er den erotisch geprägten
Sinnestaumel als Weg zur Erleuchtung begriff, zeichnete ihn zumindest in der
Musik vor anderen aus.

4. Dohnányi

Denn so folgerichtig Skrjabin Wagner in dieser Hinsicht auch weiterführen
mochte – es war bei weitem nicht der einzige Weg hin zu maximaler Sinnlichkeit
im Fin de siècle. Selbst an Brahms' Frühwerk ließ sich noch steigernd anschlie-
ßen. Den Beweis lieferte Ernst von Dohnányi, Großvater des in Hamburg nicht
gerade unbekannten Bruderpaares von Dirigent Christoph und Bürgermeis-
ter Klaus. Über seinen Kompositionslehrer an der Budapester Musikakademie,
Hans Koessler, geriet Dohnányi besonders eng in Brahms' Fahrwasser. Sein
1895 entstandenes Opus 1, ein Klavierquintett in c-Moll, verleitete Brahms bekanntlich zu der Aussage, er hätte es selbst nicht besser machen können,[20] und
anscheinend veranlasste Brahms auch die Wiener Erstaufführung des Quintetts
in einer privaten Veranstaltung des Tonkünstler-Vereins.[21] In der Musik des
jungen Ungarn konnte sich Brahms jedenfalls unschwer wiedererkennen. Diese
stilistische Nähe kennzeichnet auch die *Vier Klavierstücke* op. 2 von 1896/97,
die Dohnányi noch als Student seiner damaligen Gefährtin und späteren ersten Ehefrau Elsa Kunwald widmete, die ebenfalls Klavier studierte. Schon diese
Geste impliziert eine amouröse Dimension. Das dritte Stück, ein Intermezzo
f-Moll, schließt auf vielen Ebenen an Brahms f-Moll-Sonate an, sowohl an das
Liebesandante wie an den 4. Satz, *Rückblick*, der die Motivik des Andantes
nach Moll wendet. Das beginnt schon mit dem analogen poetischen Motto:
Dohnányi stellt ebenfalls drei Verse voran, aus einem Liebesgedicht von Ro-

---

[19]   Ebd., 108.
[20]   Vgl. Mária Eckhardt: *Briefe aus dem Nachlasse Ernő v. Dohnányis*, in: *Studia Musico-
       logica* 9 (1967), 407–420.
[21]   Vgl. Ilona von Dohnányi: *Ernst von Dohnányi. A Song of Life*, hg. von James A. Grymes,
       Bloomington, IN 2002, 20.

bert Reinick, der das Libretto zu Schumanns *Genoveva* geschrieben hatte. Die betreffenden Verse sind im Folgenden kursiviert:

Trost im Scheiden

Du ziehst dahin, der Trennung Schmerz
Wie trüg ihn wohl das arme Herz,
Wenn nicht ein süßer Trost ihm bliebe?
Wo du auch wandelst, bin ich dein,
Wo du auch weilst, du bist ja mein,
Ich hab' ja dich und meine Liebe!

Ich hab' ja meine Lieb' und dich!
Wer könnte nur beklagen sich,
Dem solch ein Trost noch übrig bliebe.
Kann wohl dein Herze was erfreun,
Daß ich nicht spräch': es ist auch mein?
Ich hab' ja dich und meine Liebe!

Die Herrlichkeit der schönen Welt,
Die jetzt dein liebes Aug' erhellt,
Glaub' nicht, daß dir allein sie bliebe.
Und faßt dich Schmerz, was Gott verhüt',
Ich trag' ihn still und freudig mit;
Ich hab' ja dich und meine Liebe!

Die Lieb', die mir in's Herz gebannt,
Trägt mich zu dir durch Meer und Land;
Wer sagt denn, daß ich einsam bliebe?
Ich jauchz' und wein' mit dir zugleich,
Bin auch nicht arm, bin ja so reich,
Ich hab' ja dich und meine Liebe.[22]

Die Tonart f-Moll und die fallenden Terzen greifen zunächst Brahms' *Rückblick* auf. Die erste Kontrastsektion bringt dann ein hymnisches, zunehmend ausgreifendes Dur-Thema in Sextparallelen. Nach der gesteigerten Wiederholung des Hauptteiles erscheint ein weiteres Dur-Thema im leisesten Pianissimo, ähnlich wie in der Coda des Brahms-Andantes. Auch dieses wird entwickelnd zum Fortissimo geführt, um dann als seliger Harfengesang zurückzukehren (Notenbeispiel 8). Dieser mündet in eine *appassionato*-Passage aufsteigender verminderter Akkorde über Dominantorgelpunkt, die zur zitatartig verkürzten Wiederkehr des Liebeshymnus führt und dann zu einem leisen Nachspiel, das die Anfangstakte symmetrisch rahmend aufgreift.

---

[22]   Robert Reinick: *Lieder*, Berlin 1844, 63.

(a)

(b)

Notenbeispiel 8: Ernst von Dohnányi: Klavierstück op. 2 Nr. 3, (a) T. 58–61, (b) T. 77–80

Die verblüffend eng an Brahms orientierte Idiomatik ist vielleicht noch deutlicher zu hören im vierten Stück aus op. 2, einem Capriccio, das formal als Scherzo mit zwei Trios gestaltet ist. Die beiden Trio-Themen lassen sich jedes auf seine Weise wieder als Liebesgesänge interpretieren: das erste als sanft wogendes Terzenduett, das zweite als mehrteiliger Hymnus mit geradezu ungezügelt ausbrechender Emotion. Diese Zügellosigkeit wird am Ende des Stücks bis an die Grenze des Rauschs geführt.

Abseits von Wagner reanimiert Dohnányi also Muster der deutschen Romantik, die ein halbes Jahrhundert zurücklagen. Aber ich meine, dass er dies trotz aller stilistischen Abhängigkeiten auf geschickte und erfrischende Weise tut. Elsa, die Widmungsträgerin, war sicherlich nicht unglücklich über solche Liebesbeweise, die zwischen feinster Zärtlichkeit und wilder Enthemmtheit eigentlich alles umfassen, was sich Herz (und Körper) so wünschen mögen.

5. Debussy

Die bisherigen Beispiele liefen allesamt, vereinfacht gesprochen, auf eine Maximalisierung der musikalischen Mittel zur Steigerung der sinnlich-erotischen Intensität hinaus. Claude Debussy ging einen anderen Weg: den der Reduktion und Destillation. Die enorme Sinnlichkeit seiner Musik verdankt sich so gut wie nie quantitativem Aufwand. In der Hauptstadt der Cancan-Frivolitäten und Nuditätenshows entwickelte Debussy ein Vokabular, das dem Eros ganz umgekehrt wieder zarte Schleier anlegt: sei es aus dem Fundus der Mythologie, wie 1894 im *Prélude* zu Stéphane Mallarmés *L'après-midi d'un faune* oder 1913 in dem Flötenstück *Syrinx*, sei es allgemein durch poetische Verfeinerung und metaphorische Raffinesse. Das Erotische wird in dieser Perspektive zu etwas entschieden Anderem als einer Kopulationsphantasie. Es geht vielmehr um Kontemplation, um eine künstlerische Huldigung der Schönheit und von moralinsaurer Bigotterie befreite Nacktheit, zwar durchaus konkret gemünzt auf weibliche Reize, aber ohne dass die sich erfüllende Liebe zweier Individuen, in welchem Stadium auch immer, thematisiert würde. Während Skrjabin, überspitzt gesagt, nur an seine eigene Befriedigung dachte, erblickte Debussy allein die sinnlichen Posen seines Gegenübers. Er inszenierte flüchtige Augenblicke sinnlicher Erregung als rituelle, ja letztlich unberührbar heilige Erscheinungen. Das ist ein visueller, malerischer Zugang, wie er für Debussys Ästhetik insgesamt überaus charakteristisch ist. Gerade die Malerei der Präraffaeliten mit ihren edlen, von sinnlichstem Lippenrot charakterisierten Frauengestalten vor ornamentaler Mittelalterkulisse oder die in zurückhaltender Farbgebung gehaltenen antikisierenden Szenerien von Pierre Puvis de Chavannes lassen sich mit Debussys ebenso kunstvoll wie zart drapierter Erotik gut vergleichen; die zu pornographischer Direktheit neigenden Nuditäten von Alexandre Cabanel oder Félicien Rops dagegen kaum, obwohl sie für die aufbrechenden Verkrustungen der Sexualmoral durchaus zeittypisch waren. In der Tat hat Debussy von einem der Hauptvertreter der Präraffaeliten, Dante Gabriel Rossetti, ein Gedicht vertont, nämlich *The blessed Damozel* in Form der 1888 beendeten Kantate *La Damoiselle élue*. Das von Rossetti auch selbst als Gemälde illustrierte Gedicht hat keine Handlung, sondern beschreibt die visuelle Erscheinung einer jungen Frau im Himmelsparadies, die sehnsüchtig auf ihren Liebhaber wartet, der noch auf der Erde weilt. Mit weit gespannten, statisch kreisenden Akkorden zu Beginn erzeugt Debussy eine entrückt-mystische Atmosphäre, in die hinein dann von Girlanden umwehte Sehnsuchts-Motive klingen. Doch selbst im mit seinen permanenten Nonakkorden spannungsvolleren Mittelteil gelangt die Dynamik niemals über *piano* hinaus.

(a)

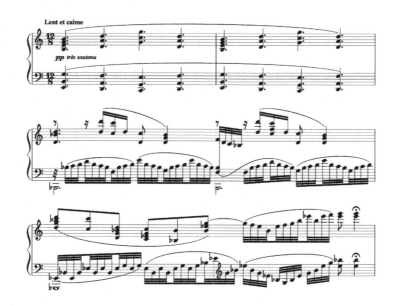

(b)

Notenbeispiel 9: Claude Debussy: *La Damoiselle élue*, Prélude (Fassung für Klavier solo), (a) T. 1–4; (b) T. 23–28

Den Inbegriff weiblicher Verführung setzte Debussy 1900 mit dem dritten Satz seiner Nocturnes für Orchester in Töne: *Sirènes.* Es geht ihm dabei offensichtlich nicht um die zur Jahrhundertwende so verbreitete, zwischen Verachtung und Bewunderung schillernde Vorstellung von der die Männer ins Verderben führenden sexuellen Macht der *femme fatale*, sondern allein um den Zauber des Weiblichen. Das kompositorische Ziel war es also, die verführerischsten aller Klänge zu finden. Indem Debussy dem Orchester einen Vokalisen singenden Frauenchor hinzufügt, tritt das mythische Singen in Erscheinung, ohne es durch textuelle Konkretisierung zu belasten. Zunächst erscheinen die Damen mit leuchtenden Terzen, die von diatonischen Nebennoten aus erreicht werden: wahre Lockrufe, die sich mediantisch weite Räume erobern; später schwingen sich die Stimmen zu betörend anschwellenden Arabesken auf. Immerhin amüsant ist die Erkenntnis, dass Debussys Sirenen motivisch weniger mit Wagners Rheintöchtern als mit dessen reitenden Walküren zu tun haben (Notenbeispiel 10).

Das Von-der-Quinte-in-die-Terz-Gleiten als Motiv erotischer Sehnsucht hat Debussy 1912 im zweiten Heft seiner Préludes wieder aufgegriffen, mit ähnlichem Personal: Hier ist es Ondine, genauer: de La Motte Fouqués Undine, die ihre betörenden Reize im aquatischen Element offenbart. Die kapriziösen Gesten der Nixe zerfließen am Ende in einem überaus suggestiven polytonalen Strom, in dessen akustische Umgarnung wir nur zu gerne eintauchen (Notenbeispiel 11).

(a)

(b)

Notenbeispiel 10: (a) Claude Debussy: *Sirènes*, T. 6–8 (nur Soprane); (b) Richard Wagner: *Die Walküre*, II. Aufzug, T. 94–97

(a)

(b)

Notenbeispiel 11: Claude Debussy: *Ondine*, (a) T. 20–21; (b): T. 65–70

Den wohl explizitesten Vorstoß ins Reich der Erotik unternahm Debussy unter dem Einfluss des Dichters Pierre Louÿs. Louÿs hatte 1894 die *Chansons de Bilitis* veröffentlicht, ein literarischer Fake von ähnlicher Chuzpe wie 130 Jahre zuvor Ossian. Es handelte sich nämlich nicht um Übersetzungen einer griechischen Dichterin aus dem 6. Jahrhundert v. Chr., deren Authentizität durch fingierte Autoritäten und die Veröffentlichung von nur fragmentarisch überlieferten Texten gestützt schien, sondern um Louÿs' eigene Schöpfungen – Bilitis ist eine reine literarische Fiktion. Die in den Gedichten verarbeitete erotische Autobiographie der fiktiven Dichterin auf der Insel Lesbos ist irgendwo zwischen ehrlich gemeintem Befreiungsschlag für die homoerotische Liebe und lüsterner Männerfantasie angesiedelt (wobei eine ganze Reihe pornographisch expliziter *Chansons secrètes de Bilitis* erst nach dem Tod des Dichters publiziert wurde). Debussy fühlte sich jedenfalls sehr angesprochen. Schon 1897 vertonte er drei Texte als Lieder: *La Flûte de Pan*, *La Chevelure* und *Le Tombeau des Naïades*. Es sind in Poesie und Musik Meisterwerke in der Kunst der Andeutung, die mit Symbolen wie der Pansflöte, dem fallenden Haar oder einem verlorenen Gürtel und in der poetischen Gestalt von Traumsequenzen der erotischen Fantasie einen Raum eröffnen, den sie wohl nie zuvor gehabt hatte.

Für eine Lesung von einem Dutzend Gedichten aus den *Chansons de Bilitis* in von Louÿs inszenierten lebenden Tableaus schrieb Debussy 1901 eine Bühnenmusik, die die Gedichte in Form von Vor-, Nach- und Zwischenspielen rahmte, manchmal nur mit Einwürfen von zwei Takten Umfang. Die Inszenierung dieser Lesung war pikant: Vor einem Publikum von 300 ausgewählten Personen erschienen neben den Musikern fünf junge Frauen, „bald mit Schleiern drapiert, bald in Gewändern der Insel Kos gekleidet, bald ohne alle Hüllen". Diese Kleiderordnung orientierte sich natürlich an den voyeuristischen Intentionen von Künstlern und Publikum, war aber gleichsam legitimiert durch das sechste der vorgestellten Prosa-Gedichte, *Bilitis*.

> Une femme s'enveloppe de laine blanche. Une autre se vêt de soie et d'or.
> Une autre se couvre de fleurs, de feuilles vertes et de raisins.
> Moi, je ne saurais vivre que nue. Mon amant, prends-moi comme je suis:
> sans robe ni bijoux ni sandales, voici Bilitis toute seule.
> Mes cheveux sont noirs de leur noir, et mes lèvres sont rouge de leurs
> rouge. Mes boucles flottent autour de moi libres et rondes comme des
> plumes.
> Prends-moi telle que ma mère m'a faite dans une nuit d'amour lontaine,
> et si je te plais ainsi, n'oublie pas de me dire.

Selbst bei dieser ziemlich unverblümten Aufforderung zum Geschlechtsakt zieht es Debussy vor, sich auf einige unverfänglich wirkende musikalische Gesten zu beschränken. Alle Erotik steckt hier in sublimen Details.

Notenbeispiel 12: Claude Debussy: *Musiques de scène pour les Chansons de Bilitis*, Nr. VI: *Bilitis*, T. 1–2

Diese Bühnenmusik erklang nur ein einziges Mal, die Veranstaltung rief die Sittenwächter auf den Plan und war schwerlich zu wiederholen. Die Original-besetzung sah zwei Flöten, zwei Harfen und Celesta vor. Die Celesta-Stimme hat sich leider nicht erhalten und wurde ab der Mitte des 20. Jahrhunderts von Pierre Boulez und anderen hypothetisch rekonstruiert. 1915 verarbeite-te Debussy überraschend das Material der Bühnenmusik zu sechs *Épigraphes antiques* für Klavier zu vier Händen, denen eine Version zu zwei Händen nach-folgte. Die Titel der Stücke sind nur noch teilweise an den originalen Gedichten orientiert, auch sind neue musikalische Gedanken eingeflossen. Und doch ist der genetische Zusammenhang ganz unzweideutig und damit auch die semantische Ebene der Evokation erotischer Stimmungen. In dieser Form nun, die nur noch dem Eingeweihten das Ausmaß an sexuellen Implikationen verrät, ließ sich die Musik immer und überall ausführen. Die *Épigraphes antiques* sind damit so etwas wie die letzte und höchste Sublimation des Eros in Debussys Werk. Dass hinter all den zarten Schleiern und Figuren aber doch heftiges Begehren schlummert, zeigt sich am Ende der vierten Antiken Aufschrift, *Pour la dan-*

seuse aux crotales. In Louÿs' Gedicht wird die Tänzerin mit den Klappern vor allem über ihre körperliche Sinnlichkeit beschrieben, ihre wollüstigen Augen, ihre zunächst nur zaghaft tänzelnden Füße, dann die in die Luft geworfenen Beine, ihren Hüftschwung, der alle Leidenschaften hervorruft, und das jähe Geräusch der Klappern. Von all diesen Eindrücken findet sich etwas in Debussys unbeschreiblicher Musik, die kurz vor Schluss in ein ekstatisches Akkordtremolo ausbricht, wie wir es sonst fast nur von der *Isle joyeuse* kennen, dort als einer der seltenen lauten Höhepunkte im Werk des Komponisten.

Notenbeispiel 13: Claude Debussy: *Six Épigraphes antiques*, Nr. 4, T. 54–61 (zweihändige Fassung)

6. Schlussbemerkung

Damit ist dieser kleine Streifzug beendet. Drei zeitgleiche und doch völlig unterschiedliche Wege, das Erotische in Musik zu fassen und zu bannen: Dohnányi mit naivem, aber sehr warm empfundenem jugendlichem Ungestüm, den er bei Brahms vorgefunden hatte; Skrjabin mit einer hypertrophen Exzentrik, welche orgiastische Entgrenzung als Sprungbrett zur Transzendenz einsetzte; Debussy schließlich mit einer poetischen Verfeinerung, die vor der Konkretisierung zurückschreckte, um als musikalisches Pendant für das in Worten Unausgesprochene das Vage und Offene zu gestalten. Es sind dies ganz allgemein Grundmuster erotischen Empfindens und Erlebens, die sich hier musikalisch manifestieren. Gerade ihre Vielgestaltigkeit ist ein Grund zur Freude.

Literatur

Benois, Alexandre: *Memoirs*, 2 Bde., London 1964.

Brachmann, Jan: *„Ins Ungewisse hinauf. . . "* – *Johannes Brahms und Max Klinger im Zwiespalt von Kunst und Kommunikation*, Kassel u.a. 1999 (Musiksoziologie, 6).

Čajkovskij, P. I.: *Polnoe sobranie sočinenij. Literaturnye proizvedenija i perepiska*, Bd. VII: Pis'ma, Moskau 1962.

Dohnányi, Ilona von: *Ernst von Dohnányi. A Song of Life*, hg. von James A. Grymes, Bloomington, IN 2002.

Dreyfus, Laurence: *Wagner and the Erotic Impulse*, Cambridge, MA, London 2010.

Eckhardt, Mária: *Briefe aus dem Nachlasse Ernő v. Dohnányis*, in: *Studia Musicologica* 9, 1967, 407–420.

Freud, Sigmund: *Die „kulturelle" Sexualmoral und die moderne Nervosität*, in: *Sexual-Probleme* 4, 1908, 107–129, wieder in: ders.: *Gesammelte Werke*, Bd. 7, Frankfurt a. M. 1999, 141–167.

Friedell, Egon: *Kulturgeschichte der Neuzeit*, 3 Bde., 1927–1931.

Kalbeck, Max: *Brahms*, Bd. 1, 1. Halbband: 1833–1856, Berlin 1904.

Litzmann, Berthold: *Clara Schumann. Ein Künstlerleben. Nach Tagebüchern und Briefen*, Bd. 1: Mädchenjahre 1819–1840, Leipzig 1925, Reprint Hildesheim 1971.

Mann, Thomas: *Buddenbrooks. Roman*, Frankfurt 1922.

Niemann, Walter: *Brahms*, Berlin 1920.

Reinick, Robert: *Lieder*, Berlin 1844.

Schibli, Sigfried: *Alexander Skrjabin und seine Musik. Grenzüberschreitungen eines prometheischen Geistes*, München 1983.

Skrjabin, Alexander: *Prometheische Phantasien*, übersetzt und eingeleitet von Oskar von Riesemann, Stuttgart u.a. 1924.

Smith, Kenneth: *Erotic Discourse in Scriabin's Fourth Sonata*, in: *British Postgraduate Musicology* 7, June 2005, online: (http://britishpostgraduatemusico logy.org/bpm7/smith.html; 27.04.2019).

Wenk, Arthur B.: *Claude Debussy and the Poets*, Berkeley, CA u.a. 1976.

Wonke, Simone: *Kodierte Gefühle. Zu einer Poetik der Emotionen in lyrischen und poetologischen Texten um 1900*, Berlin 2003.

Von der Musik das Fühlen lernen

Matthias Tischer

Wenn in der Zeit um 1800 die Revolutionen in Amerika und Frankreich in der Welt des Politischen nichts ließen, wie es einmal war, so stellte im Ästhetischen die Ausprägung von Kunst im emphatischen Sinne, flankiert von der nötigen ästhetischen Theoriebildung, den epochalen Paradigmenwechsel dar, während zeitgleich im Privaten die Idee der romantischen Liebe gerade in ihrer teilweisen Anverwandlung der aristokratischen Höflichkeit eben diese aufhob. Die von der Regelpoetik befreite Musik – Lydia Goehr spricht vom Beethoven-Paradigma – kündete einerseits von dem Unerhörten, was sich auf der politischen Bühne Europas abspielte und differenzierte andererseits das Typisierende der rhetorikanalogen Affektdarstellung aus. Parallel befreite sich die Zwischenmenschlichkeit zumindest anteilig von der höfischen Etikette hin zu einer Individualisierung der Subjekte nach dem Vorbild der Kunstwerke und ihrer genialen Schöpfer. Der Wille zur Individualität war verschränkt mit dem ökonomischen Zwang zur Alleinstellung. Originalität und Verkäuflichkeit standen in einem unlösbaren Wechselverhältnis. Das Kunstwerk im emphatischen Sinne wurde zum Prototypen jedes innovativen Produkts. Befreiung, Ausdruckshaftigkeit (was später einmal Lifestyle heißen sollte) und die Durchökonomisierung des Ästhetischen bedingten und durchdrangen einander seitdem.

Als ein Kind der jungen Seelenkunde[1] und der philosophischen Ästhetik spürte die Gefühlsästhetik dem Zusammenhang von künstlerischem Ausdruckswillen, musikalischen Gehalten und dem Gefühlshaushalt der Rezipienten nach. Dabei war Fühlen nicht in Opposition zu Wissen gedacht, sondern galt als ein Korrelat von Wissen, oder, wie Alexander Gottlieb Baumgarten für die Künste in seiner *Aesthetica* postuliert hatte, im Ästhetischen war Wahrheit erfahrbar, so genannte „veritas aesthetica".[2] Die Gefühlsästhetik begleitete die elaborierte Ausgestaltung des bürgerlichen Gefühlshaushaltes.[3] Äußerst zugespitzt heißt das: Die klassisch-romantische Instrumentalmusik lehrte das bürgerliche Subjekt im Rahmen seines Bildungsprozesses differenziertes Fühlen, die (Gefühls-)Ästhetik wiederum war bestrebt, diesem ein passendes Vokabular bereitzustellen, um über den Prozess der ästhetischen Bildung zu verhandeln.

---

[1]   Karl Philipp Moritz wirkte sowohl als Ästhetiker als auch als Herausgeber des *Magazins für Erfahrungsseelenkunde als ein Lesebuch für Gelehrte und Ungelehrte* (Berlin 1783–1793).

[2]   Alexander Gottlieb Baumgarten: *Aesthetica*, 2 Bde., Frankfurt an der Oder 1750/58. In der deutschen Übersetzung ist von „sinnlicher Erkenntnis" die Rede. Siehe Georg Friedrich Meier: *Anfangsgründe aller schönen Wissenschaften*, Halle 1754, 3.

[3]   Dies ist nicht der geeignete Ort, die hochdifferenzierten inhaltsästhetischen Positionen von Ferdinand Hand, August Kahlert, Carl Seidel, Amadeus Wendt u.v.a.m. detailliert darzustellen. Vgl. der Verfasser: *Ferdinand Hands Aesthetik der Tonkunst*, Sinzig 2004.

Was ästhetischer Artikulation wahrscheinlich zu allen Zeiten und an allen Orten eignet, spitzte sich in der europäischen Kunstmusik der Zeit um 1800 lediglich extrem zu. Dem vergleichsweise beschränkten Wortschatz im Sprechen über inneres Erleben stellten die nichtbegrifflichen Ausdruckscharaktere der Musik einen schier grenzenlosen Reichtum an Farben und Nuancen zur Seite. Oder, wie Ferdinand Hand es in der ersten Hälfte des 19. Jahrhunderts formulierte: Es mangele der Instrumentalmusik keineswegs an Bestimmtheit des Gefühlsausdrucks, lediglich an deren begrifflicher Bestimmbarkeit.[4] Das weite semantische Feld, welches etwa das Wort Liebe eröffnet, wird in der klassisch-romantischen Musik in unendlich vielfältigen Facetten ausgestaltet. Man könnte die Musik im Rahmen der (ästhetischen) Bildung des Bürgers um 1800 als gefühls- bzw. bedürfnisinnovativ bezeichnen. Nicht Sagbares wurde musikalisch erfahrbar, bis hin etwa zu musikalischen Steigerungsformen bei Richard Wagner oder Claude Debussy, welche die Grenze zur entfesselten Erotik klingend überschritten, lange bevor etwa in der Halböffentlichkeit des Salons über selbstbestimmte Sexualität offen gesprochen werden konnte. Gustave Flaubert wurde für seine *Madame Bovary* wegen „Verherrlichung des Ehebruchs" vor Gericht gestellt,[5] während der Erotomane Richard Wagner, Komponist des *Tristan*, frei herumlief und allenfalls als politischer Revolutionär verfolgt wurde.

Doch die besagte Bedürfnisinnovation ging von „starken Autoren" (Harold Bloom) aus. Zeitgleich zur ersten Hochblüte des musikalischen Kunstwerks im emphatischen Sinne entstand, befördert durch neue, preiswertere Drucktechniken und Innovationen im Musikalienhandel, ein musikalischer Massenmarkt, der die eben erreichte Individualisierung in massenverkäufliche Surrogate überführte. Parallel zur Befreiung der Ausdruckscharaktere verlief die Normierung der Gehalte beispielsweise von Salonpiecen. Die *Gebete einer Jungfrau, Waldeinsamkeiten, Souvenirs de …* etc. waren von jener Ähnlichkeit, mit der laut Horkheimer und Adorno Kultur im Zeitalter ihrer Industrialisierung alles zu schlagen droht.[6] Die Ausdruckscharaktere der großen Kunst erschienen herabgesunken zu überdeutlichen klingenden Appellen an schablonenhafte Gefühle – und eben nicht mehr als Aufforderung zur Individualisierung. Die Trivialmusik kehrte den Akt der Befreiung des Kunstwerks im emphatischen Sinne in dem Maße um, wie sie dieses durch seine Massenverkäuflichkeit verlagsintern quersubventionierte. Dies war, nebenbei gesagt, die Geburtsstunde des Kitsches: Der Gerührte war ob seiner eigenen Rührung gerührt. Es war dies der Vorschein des tränenseligen Film(musik)finales von *Vom Winde verweht*.

---

[4] Ferdinand Hand: *Aesthetik der Tonkunst*, 2 Bde., Jena 1837/42.
[5] Kurt Friedländer: *Geschichte der Madame Bovary. Ein Prozeß zwischen Kunst und Moral vor 100 Jahren*, in: *Die Zeit* vom 2.5.1957.
[6] Max Horkheimer und Theodor W. Adorno: *Dialektik der Aufklärung*, in: Adorno: *Gesammelte Schriften*, Bd. 3, 142.

Der Zusammenhang zwischen Gefühl und Musik wurde in den verschiedensten Facetten seit dem späten 18. Jahrhundert so oft wiederholt, dass die Gebildeten unter den Musikinteressierten zu Recht Verdacht schöpften. Die Gefühlsästhetik wurde zum Stiefkind der Musikanschauung, da ihr, im Vergleich zur Logik oder Naturwissenschaft, kein rechter theoretischer Zugriff auf ihren Gegenstand, das Klingende, gelingen wollte und sie Gefahr lief, lediglich Listen mit Beispielen für bestimmte Gehalte zu erstellen. In den Augen der philosophischen Ästhetik hatte sie sich diskreditiert, Eduard Hanslick konnte sie in Bausch und Bogen als „verrottet" diskreditieren.[7] Ihre Ideen tauchten jedoch, wie zu zeigen sein wird, im musikalischen Diskurs an ganz anderem Ort wieder auf.

Als der Film aus der Taufe gehoben wurde, stand die Musik Pate. Zeitgleich hatten in Berlin und Paris jeweils zwei Brüder ein Verfahren entwickelt, bewegte Bilder zu projizieren. In Berlin führten die Brüder Sklandanowsky im Varieté Wintergarten und in Paris die Brüder Lumière im Grand Café, eingebettet in ein buntes Unterhaltungsprogramm, 1895 ihre bahnbrechenden Erfindungen vor. Beide Erfinderteams zeigten wenig spektakuläre kurze Szenen: ein Ringkampf, eine Familienszene, Feierabend an einem Fabriktor u.ä. Dazu spielte das Theaterorchester – wie zu allen anderen nichtmusikalischen Varieténummern – mutmaßlich Salonpiècen. Wir wissen weder, in welcher Besetzung musiziert, noch, was zu Gehör gebracht wurde. Das liegt nicht nur an der Quellenlage, sondern auch am Prinzip des Salonarrangements. Es handelt sich dabei um Instrumentationen vom Typus ,Klavier + x'. Der gesamte musikalische Zusammenhang ließ sich von einem Tasteninstrument allein, aber auch um weitere instrumentale Farben bereichert, erweitert bis zum Kammerorchester darstellen. Diese Stücke waren beispielsweise Potpourris beliebter Opern, Bearbeitungen von Repertoirestücken oder Originalkompositionen.

Von Anfang an wurde der Film von der Musik begleitet, was streng genommen den Terminus ,Stummfilm' als einen ,Presentism' aus einer Zeit, da die Konventionen der musikalischen Illustration in Vergessenheit geraten waren, erkennbar werden lässt. In dem Maße, da der Film dramaturgische Durchgestaltung erkennen ließ, musste sich die Musik von scheinbar beiläufig Improvisiertem oder eher beliebiger Untermalung mit Vorfindlichem in Richtung einer klingenden Partnerin des bewegten Bildes emanzipieren. Die Improvisation – mehrheitlich wohl auf Tasteninstrumenten – blieb bis in die Gegenwart eine gangbare Option; seit der Frühzeit des Films übrigens auch mit der Möglichkeit der musikalischen Verspottung, dem so genannten ,mocking', wobei der Improvisator bestrebt war, möglichst unpassende Musik zu den Bildern zu liefern (Trauermarsch bei Hochzeitsszene o.ä.).

---

[7] Eduard Hanslick: *Vom Musikalisch-Schönen. Ein Beitrag zur Revision der Ästhetik der Tonkunst*, Leipzig 1854, aus dem Vorwort, V.

Der Schritt von abgefilmten Alltagsszenen zu den ganz großen Menschheitsthemen war schnell getan. Die Sklandanowsky-Brüder entwickelten nach einer erfolgreichen Europatournee ihren Projektor, das Bioskop, nicht weiter. Die Lumière-Brüder waren ihrerseits an einer Weiterentwicklung nicht interessiert, sie konzentrierten sich im Folgenden weiter auf ihre Produktion von Fotomaterialien. Im Edison-Laboratory hingegen ging die Forschung und Entwicklung weiter. Der prominenteste hier produzierte Teststreifen war der erste Kuss der Filmgeschichte.[8] Und schon dem ersten Filmliebespaar sieht man das ungeahnte Potential von Intimität auf der Leinwand an. Seit dieser Zeit war der Film und die ihn begleitende Musik ein Referenzpunkt menschlichen Fühlens. Leben und Lieben auf der Leinwand wurde zum Maßstab für die Lebensentwürfe der Zuschauer – mindestens so sehr, wie dies der Roman oder die Oper im 19. Jahrhundert gewesen waren.

Nationale Unterschiede schrieben sich dem jeweiligen Stellenwert des Filmes ein. In Deutschland blieb der Film lange beargwöhnte Jahrmarktsattraktion. Im französischsprachigen Raum stieg er schnell in den Rang einer Kunst auf. Dieser Umstand begünstigte auch eine erste Sternstunde der Filmmusikgeschichte. Für den Streifen *Die Ermordung des Herzogs von Guise* (1908) komponierte Camille Saint-Saëns die erste originäre Filmmusik – was vorerst die Ausnahme bleiben sollte –, eine mit starrer Kamera abgefilmte Pantomime in prominenter Theaterschauspielerbesetzung, begleitet von einer kleinen Suite für Salonorchester, geschrieben von einem Komponisten von Rang. Die Musik wurde auf Schellackplatte eingespielt, um eventuellen ungenügenden Interpretationen durch Kinoorchester vorzubeugen.

Der Normalfall der Stummfilmillustration sollte bis zur Entwicklung der Tonspur, welche Musik, Geräusch und Sprache auf dem Filmstreifen selbst speichern konnte,[9] die Kompilation einer musikalischen Illustration sein. Wenn der Filmverleih oder die Produktionsfirma kein sogenanntes Cuesheet mit Vorschlägen über die Zusammenstellung bekannter Stücke für die einzelnen Szenen des Films zur Verfügung stellte, oblag es den Kinomusikern, Stücke bzw. Ausschnitte von Stücken aus ihrer jeweiligen Notenbibliothek dergestalt zusammenzustellen, dass die Ausdruckscharaktere der Musiken – falls nicht genau so beabsichtigt – nicht unpassend, schlimmstenfalls unfreiwillig komisch zu den Ereignissen auf der Leinwand anmuteten. Ganz praktisch bedeutete das, dass der Kinokapellmeister passende Stücke in Salonarrangements bereitlegte und bei mindestens einem Durchlauf des Filmes die exakte zeitliche Abfolge festlegte. Wenn von den Verantwortlichen des Filmes bzw. dem Vertrieb keine Anregung oder Anweisung zur musikalischen Illustration vorlag, wurde ein Film in unterschiedlichen Kinos mit unterschiedlichen Musiken vorgeführt.

---

[8]   https://www.youtube.com/watch?v=euOCCYGzfe4 (abgerufen am 15.2.2021).
[9]   Corinna Müller: *Vom Stummfilm zum Tonfilm*, München 2003.

Hier entstand eine Marktlücke. Der Dvořák-Schüler John Stepan Zamecnik hatte es mit seinem Verleger Sam Fox in den USA vorgemacht.[10] Zamecnik stellte den Kinokapellmeistern Originalkompositionen in variabler Besetzung, gegliedert nach Szenentypen, zur Verfügung und trug damit maßgeblich zu einer Vereinheitlichung der Filmmusik bei. Bemerkenswert war, dass bei diesem Verfahren dieselben Illustrations- und Inzidenzmusiken immer wieder zu ähnlichen Szenen erklangen. Das oben beschriebene Prinzip der variablen Besetzung wurde explizit auf dem Titel der *Photoplay Edition* hervorgehoben.

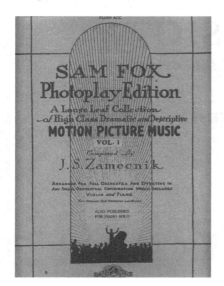 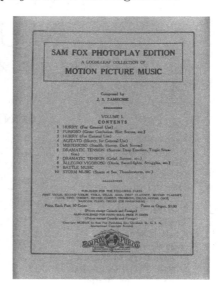

Abbildung 1: John S. Zamecnik: *Sam Fox Photoplay Edition*, Vol. 1 (1913)

Die Musiken sind aufgelistet nach Ausdruckscharakteren: Eile, Furioso, Agitato, Misterioso, Trauer, tiefe Bewegung, tragische Situation etc. (vgl. Abbildung 1 rechts), oder aber zusätzlich nach im weitesten Sinne ‚regionalen Intonationen‘ wie orientalisch, mexikanisch oder spanisch; Krieg, Cowboys, Rätselhaftes, Begräbnisse, Trauer sind alle explizit vertreten (vgl. Abbildung 2).

Das Projekt wurde nicht nur von Zamecnik und Fox äußerst erfolgreich fortgesetzt. In Deutschland erweiterten Giuseppe Becce und seine Mitstreiter Ludwig Brav und der spätere erste Professor für Filmmusik, Hans Erdmann, das Konzept filmmusikalischer Ready-mades. Wie Zamecnik komponierte bzw. arrangierte das Multitalent Becce typische Charakterstücke für typische Szenen im Film. Becce publizierte von 1919 bis zur Einführung des Tonfilms 1929 bei Schlesinger in Berlin die *Kinothek* und edierte ab 1920 im selben Verlag das Periodikum *Film-Ton-Kunst*, welches ab 1921 *Kino-Musik-Blatt* und ab 1926 wieder *Film-Ton-Kunst* hieß.

---

[10] John S. Zamecnik (Hg.): *Sam Fox Moving Picture Music*, 4 Bde., Cleveland 1913ff.

SAM FOX
MOVING PICTURE
MUSIC

By J. S. ZAMECNIK

VOL. I   **PRICE 50 CENTS**

CONTENTS

Published by Sam Fox Pub. Co. *Cleveland, O.*

Abbildung 2: John S. Zamecnik: *Sam Fox Photoplay Edition*, Vol. 1 (1913)

Der Praktiker Becce vermarktete seine variablen Arrangements von Stimmungs- und Inzidenzmusiken für den Film so erfolgreich, dass der Titel dieser periodisch erscheinenden Notenmappen sich als allgemeiner Begriff für diese und ähnliche Notenpublikationen etablieren konnte: *Kinothek*. Becce machte sich dergestalt einen Namen mit seinen Kompositionen für den Film, dass es seinen beiden Mitstreitern, Ludwig Brav und Hans Erdmann, angeraten schien, ihn bei ihrem Vorstoß auf das Feld der Theoriebildung als Mitautor zu nennen, der er, wie Maria Fuchs zeigt,[11] nicht war. Bis dahin galten Erdmann und Becce als Hauptautoren des *Allgemeinen Handbuchs der Film-Musik*, welches die Geschichte und Praxis der Filmillustration wie deren Technik, Poetik und Ästhetik zu umreißen suchte. Der kleine, schattenrissartige Cartoon in einer Werbeannonce (wie sie auf den *Kinothek*-Notenalben abgedruckt war), wies auf die allabendliche Herausforderung in den Lichtspieltheatern hin (vgl. Abbildung 3).

> Kinodirektor: „Wer schafft fürs neue Kinostück Heut Abend die Begleitmusik?"
>
> Kapellmeister: „Das ist kein großes Kunststück mehr. Ich hole mir das ‚Handbuch' her!"

Becces praktische Handreichung für Kinokapellmeister in Gestalt der *Kinothek* erhielt von Erdmann und Brav einen systematisch-theoretischen Überbau, kombiniert mit einer Art Meta-Kinothek, einem differenzierten Register mit passenden Musiken aus dem klassisch-romantischen Repertoire für bestimmte Ausdrucksphären oder Inzidenzen im Film. Der Versuch einer filmmusikalischen Theorie wurde im Handbuch ergänzt durch thematische Register. Die Autoren waren sich der Risiken ihres Vorhabens durchaus bewusst und fühlten sich zum einen getragen von der zeitgenössischen Filmtheorie, welche immer wieder die Verwandtschaften von wortlosem Film und wortloser Musik betonte:

> „Wir hatten an anderer Stelle schon darauf hingewiesen, daß die stumme Filmhandlung zu einer vielleicht innigeren Verbindung mit der Musik berufen ist als die mit dem Wort beschwerte Oper. Die Bildvision des Filmdichters hat wohl tatsächlich tiefere Beziehungen zur Tonvision des Musikers. Alle die Grundgesetze der Musik, in der Menschenseele zu unterst verankert, das An- und Abschwellen der Gefühlslinie, das Treiben und Gehemmtsein, der Gegensatz mit all seinen vielen Schattierungen, alles das ist in seiner wortlosen psychischen Basierung dem Film wie der Musik gemeinsam."[12]

---

[11] Maria Fuchs: *Stummfilmmusik. Theorie und Praxis im „Allgemeinen Handbuch der Film-Musik" (1927)*, Marburg 2017.

[12] Giuseppe Becce, Hans Erdmann, Ludwig Brav: *Allgemeines Handbuch der Film-Musik*, Berlin 1927, Bd. 1, 16.

Abbildung 3: Werbung für Giuseppe Becce, Hans Erdmann mit Ludwig Brav: *Allgemeines Handbuch der Film-Musik*, Berlin 1927

Zum anderen war die Entstehungszeit des Handbuchs – zumal in Berlin, wo dieser Universitätsprofessor war – geprägt von Hermann Kretzschmars Hermeneutik, welche eine publizistische Welle von konzertführerartigen Erklärungsversuchen des klassisch-romantischen Repertoires ausgelöst hatte (von denen zahlreiche bei Schlesinger erschienen waren). Kretzschmar war überzeugt, dass das Prinzip der barocken Affektdarstellung sich in der Musikgeschichte ungebrochen über die Programmmusik, die Symphonische Dichtung und das Musikdrama bis in die Gegenwart des ersten Drittels des 20. Jahrhunderts fortsetzte. Zweifelsohne waren Erdmann und Brav, die nicht nur Musik, sondern auch Musikwissenschaft studiert hatten, mit Kretzschmars populären Deutungsversuchen intensiv in Berührung gekommen. Dennoch wies ihnen ihr praktisches Anliegen einer Systematisierung der Ausdrucksgehalte im Dienste einer verbesserten Filmillustration einen etwas anderen Weg. Einerseits spielte Musik, welche der rhetorikanalogen Regelpoetik des 17. und 18. Jahrhunderts verpflichtet war, für die Filmillustration eine untergeordnete Rolle, andererseits befanden sich die Autoren nicht in einer argumentativ so schwierigen Lage wie Kretzschmar. Dieser musste auf der Eindeutigkeit und Richtigkeit seines Verfahrens beharren, wenn er als Wissenschaftler ernst genommen werden wollte. Er verstand seine Hermeneutik als ein Erkenntnisinstrument, welches dem Vergleich mit der Naturwissenschaft standhalten sollte. Die beiden Filmmusiktheoretiker hingegen gingen von der Praxis einer Wiederverwendung ihrer musikalischen Vorschläge zur Untermalung bestimmter Szenentypen aus, hier war Mehrdeutigkeit in der Sache begründet:

> „Die Musik ist eine Gefühlssprache, ihr fehlt dasjenige Attribut, das für die Wortsprache gemeinhin am wichtigsten empfunden wird: die Eindeutigkeit. Die Wortsprache hat zwar auch ein Schönheits-Ideal, das Hauptziel aber findet sie in der Ausbildung scharfumgrenzter Begriffe, in diesem Sinne ist sie also eine Bildung des praktisch Notwendigen und Zweckmäßigen. Die Musik kennt einen außer ihr liegenden Zweck im eigentlichen nicht, sie läßt es bei dem Ziele, ‚irgendwie schön‘ zu sein, bewenden. Zwar hat die musikalische Sprache eine Logik, aber nicht die des gemeinen Verstandes, eine Gefühlslogik vielleicht höherer Art – ‚göttliche‘ Kunst! – aber eben darum ist sie mit den im Grunde nur zweckmäßigen Begriffen des sprachlichen Wortschatzes unvollständig faßbar: die Musik ist nicht eindeutig, ebensowenig wie das Gefühlsleben der Menschen."[13]

Während Kretzschmar und seine Schüler sich an der begrifflichen Eindeutigkeit beim Fassen musikalischer Gehalte abarbeiteten und scheitern mussten, hoben Brav und Erdmann die Differenziertheit des Klingenden als Vorteil gegenüber der Wortsprache hervor.

Der Bezug zur musikalischen Hermeneutik wird dabei von den beiden Autoren an keiner Stelle verleugnet. Explizit unterstreichen sie:

---

[13]   Ebd., 38.

„Eine Untersuchung der einzelnen Musikstücke nach solchen Gesichts-
punkten ergab die erste Unterscheidung; darüber hinaus wurde dem einzelnen Stück noch ein individuelles ‚Charakteristikum' mitgegeben. Wir
sind uns bewußt, mit diesem letzten Versuch ein sehr umstrittenes musik-
ästhetisches Gebiet betreten zu haben, allerdings ein solches, das von der
der bisherigen Praxis naturgemäß sehr bevorzugt wurde. Es gibt zwar eine sogenannte musikalische ‚Hermeneutik', worunter man etwa die Lehre
von der sprachlichen Ausdeutung des musikalischen Ausdrucks verstehen
kann, doch handelt es sich dabei vorerst kaum um ein exakt ausgebautes
wissenschaftliches System."[14]

Was für Kretzschmars Ansatz eine existenzielle Frage war, nämlich der Wahr-
heitsanspruch, stellte für die Theoretiker der Filmmusikpraxis kein Problem
dar:

„Auf der anderen Seite hat allerding die intuitiv ausdeutende Betrachtung
der Musik im Schrifttum immer eine nicht unerhebliche Rolle gespielt; es
ist von jeher versucht worden, den musikalischen Gefühlsinhalt in Worte zu fassen, und dazu haben die Komponisten oft selbst den Anhalt
gegeben: der wortstumme Musiker wollte eben von der Fülle seiner Mu-
sikgesichte auch in artikulierter Rede Kunde geben. Der Film nun und
seine illustrative Musikmethode hat dieses Problem in seinem ganzen
Umfang und seiner ganzen Schwierigkeit aufgerollt; der Tagesbedarf der
Filmmusik brauchte musikhermeneutische Anhaltspunkte. Was trieb man
schließlich anderes als – wenn auch primitive – Musikhermeneutik, wenn
die Musikstücke nicht mehr alphabetisch nach Komponisten oder Musik-
formen, sondern nach Stimmungen, ‚Stimmungsatmosphären', wie man
zu sagen pflegt, angeordnet werden. Wir haben versucht auf möglichst
sorgliche und eingehende Weise, wenn auch natürlich eben nur intuiti-
ven Wege, zu einer wortgemäßen Ausdeutung der einzelnen Stücke zu
gelangen. Einen Vorteil wird diese Methode auf jeden Fall haben können:
solche angedeuteten Vorschläge, – nur um solche kann es sich handeln –,
können die Stimmung eines Tonstückes zuweilen dadurch klarer schildern,
daß sie zunächst einmal einen prägnanten Gefühlskreis bezeichnen, von
dem aus dann genauere Rückschlüsse auf dessen konzentrischen Linien
gemacht werden können, als es sonst möglich wäre."[15]

Am Beispiel der Liebesszenen im Umfeld des *Handbuchs* und der *Kinothek* lässt
sich die Poetik und Praxis der Stummfilmillustration veranschaulichen. Neben
den baukastenartigen Notenmappen mit Musiken für unterschiedliche Inzidenzen und Stimmungen veröffentlichte Becce auch eigens Mappen für „Liebesszenen und lyrische Momente" (vgl. Abbildung 4). Die Besetzungen erschienen,
wie im Falle Serenade Nr. 11, *Légende d'Amour*, gegenüber dem Salonarrange-
ment ‚Piano + x' noch deutlich verfeinert. Wohl im Sinne von emblematischer

---

14   Giuseppe Becce, Hans Erdmann, Ludwig Brav: *Allgemeines Handbuch des Films*, Berlin
      1927, Bd. 1, 63.
15   Ebd.

Instrumentation (Serenade *und* Liebe) war auch die Besetzung für zwei Mandolinen, Mandola und Gitarre erhältlich. In der Tat durchdrangen sich hier eine Regelpoetik und eine spezifische Ästhetik der Filmmusik.

Nebeneinander existierten in diesem Repertoire Bearbeitungen von Gassenhauern des klassisch-romantischen Repertoires sowie Neukompositionen, welche bestrebt waren, die jeweiligen Ausdruckscharaktere jenen Hits abzulauschen und zugleich den Schein des Neuen und Unerhörten zu wahren. Da die paradigmatische Liebesmusik, Liszts *Liebestraum*, noch nicht gemeinfrei war, deklarierte Becce kurzerhand das charakterlich verwandte *Nocturne* op. 9, Nr. 2 von Chopin zum „Liebestraum" um. Wie die Stichnoten in der abgebildeten Klavierstimme verdeutlichen (vgl. Abbildung 5), handelte es sich bei Becces Bearbeitung um die übliche Instrumentation für Salonorchester, wobei naheliegenderweise die Melodie der Solo-Violine übertragen wurde. Die Emblematik der Instrumentation wird zudem mit dem Verweis unterstrichen, dass die Instrumente der Macht und der Unterwelt, Trompete und Posaune, in diesem Stück schweigen.

Bei einer eigenen für das Kino komponierten Liebesmusik erweist sich Becce als Kinopraktiker. Die Filmmusik braucht keine integrale Form, diese ist ihrem Wirkungszusammenhang eher hinderlich. Da kaum eine Liebesszene der Filmgeschichte genau so lang wie das Chopinsche *Nocturne* sein dürfte, war es in der Praxis der Filmillustration Aufgabe der Kinomusiker, mit dem Szenenwechsel abzubrechen, auszublenden oder in eine neue Musik überzuleiten. Auch wenn Becces Komposition den Gestus und die weit geschwungenen Bögen der romantischen Vorlage ablauschte, so weisen die Doppelstriche, Fermaten, Tonartwechsel und Überleitungstakte die Komposition als gleichsam ‚schöne Stellen' mit einem variablen Verlauf aus. Gelungene Filmmusik trennt die Ausdruckscharaktere, die ‚schönen Stellen', von zwingenden großformalen Dispositionen. Die Form der Filmmusik wird vom Film bestimmt, was harmonische und modulatorische Kühnheit ebenso wenig wie ungewöhnliche Phrasenlängen ausschließen muss.

Die Theoretiker und Praktiker der Filmmusik katalogisierten bestehende und schrieben neue typische Musiken für typische Szenen. Ihr Ausgangspunkt war das klassisch-romantische Repertoire gewesen, in dessen Geiste sie dann, wie gezeigt im Fall von Giuseppe Becce, neue, speziell auf den Gebrauch vor der Leinwand abgestimmte Stücke in variabler Besetzung schrieben. Damit schloss sich der große Bogen, ausgehend von der Musik um 1800 und der sie begleitenden Gefühlsästhetik und der Umkehrung dieser Entwicklung im Zeitalter der Filmmusik.

Wie der Bürger des 19. Jahrhunderts mithilfe der Ausdruckscharaktere der musikalischen Kunstwerke im emphatischen Sinne seinen Gefühlshaushalt eingerichtet hatte, wurde das emotionale Erleben der Kinozuschauer im Hinblick auf Musik vom Film und seiner Musik geprägt. Der Film lehrte den Menschen

104

Abbildung 4: Werbung für Giuseppe Becce, Hans Erdmann mit Ludwig Brav: *Allgemeines Handbuch der Film-Musik*, Berlin 1927

seither, welche Musiken zu welchen Szenen und Gefühlszuständen passte. Die Alltagssprache legt Zeugnis davon ab, wenn Menschen bei ersten Erfahrungen mit Musik für den Konzertsaal so oder so ähnlich sagen: „Das ist wie Filmmusik."

Abbildung 5: F. Chopin: *Nocturne* op. 9, Nr. 2

Literatur

Adorno, Theodor W. und Max Horkheimer: *Dialektik der Aufklärung*, in: Th. W. Adorno: *Gesammelte Schriften*, Bd. 3.

Baumgarten, Alexander Gottlieb: *Aesthetica*, 2 Bde., Frankfurt an der Oder 1750/58.

Becce, Giuseppe, Hans Erdmann und Ludwig Brav: *Allgemeines Handbuch der Film-Musik*, Berlin 1927.

Friedländer, Kurt: *Geschichte der Madame Bovary. Ein Prozeß zwischen Kunst und Moral vor 100 Jahren*, in: *Die Zeit*, 2.5.1957.

Fuchs, Maria: *Stummfilmmusik. Theorie und Praxis im „Allgemeinen Handbuch der Film-Musik" (1927)*, Marburg 2017.

Hand, Ferdinand: *Aesthetik der Tonkunst*, 2 Bde., Jena 1837/42.

Hanslick, Eduard: *Vom Musikalisch-Schönen. Ein Beitrag zur Revision der Ästhetik der Tonkunst*, Leipzig 1854.

Meier, Georg Friedrich: *Anfangsgründe aller schönen Wissenschaften*, Halle 1754.

Müller, Corinna: *Vom Stummfilm zum Tonfilm*, München 2003.

Tischer, Matthias: *Ferdinand Hands Aesthetik der Tonkunst*, Sinzig 2004.

Zamecnik, John S. (Hg.): *Sam Fox Moving Picture Music*, 4 Bde., Cleveland 1913ff.

Demon Lovers, Inzest und tödliche Dreiecksbeziehungen: Die Child-Balladen

Britta Sweers

A holiday, a holiday
And the first one of the year
Lord Darnell's wife came into the church
The Gospel for to hear.

And when the meeting it was done
She cast her eyes abou
And there she saw little Matty Groves
Walking in the crowd.

„Come home with me, little Matty Groves
Come home with me tonight
Come home with me, little Matty Groves
And sleep with me 'til light."

Die Child-Ballade Nr. 81 mit dem Titel *Litte Musgrave and Lady Barnard* stammt höchstwahrscheinlich aus der Grenzregion zwischen Nordengland und Schottland und wurde erstmals im 17. Jahrhundert schriftlich fixiert.[1] Diese sogenannte „border ballad"[2] wurde darüber hinaus schriftlich von Volkslied-Sammlern, aber auch durchgehend oral durch diverse traditionelle SängerInnen der Britischen Inseln und insbesondere Nordamerikas in zahlreichen Varianten überliefert. Je nach Version kann der männliche Titelheld Little Musgrave, Matty Groves (so auch der Titel der hier eingangs zitierten Version der britischen Folk Rock-Gruppe Fairport Convention von 1969[3]) oder Mathew Grove heißen, während der Name des Ehemanns Lord Arnold, Lord Darnell, Lord Darlington oder Lord Donald lauten kann. Die Ehefrau bleibt als „Lord Darnell's wife"[4] bzw. „his wife" in nahezu allen Versionen dieser Ballade jedoch wesentlich anonymer.

Wie in den etwa 30 Strophen der Child-Variante 81A – auf die sich Fairport Convention in einer auf 19 Strophen verdichteten Fassung beziehen – berichtet wird, verbringt das Liebespaar eine gemeinsame Nacht miteinander, deren

---

[1] Francis James Child: *The English and Scottish Popular Ballads*, Boston u.a. 1882–1898; hier Vol. 2, Part 3, 243.

[2] Mark P. Bruce/Katherine Terrell (Hg.): *The Anglo-Scottish Border and the Shaping of Identity. 1300–1600*. New York 2012; hier Introduction.

[3] Fairport Convention: *Liege & Lief*, Island Records 1969.

[4] Vgl. Version Fairport Convention.

Details jedoch in allen Schilderungen ausgelassen werden. Die Erzählung setzt
in jenem Moment wieder ein, als beide, von einem Diener oder einer Dienerin
verraten, am nächsten Morgen von dem betrogenen Ehemann in flagranti –
die Ballade ist hier sehr direkt – im Bett überrascht werden. Im nachfolgenden
Dialog fordert der betrogene Lord Darnell den jüngeren Matty Groves auf sich
anzuziehen, denn: „It'll never be said in fair England that I slew a naked man".
Matty weigert sich zunächst: „For you have two long beaten swords and I not a
pocket-knife", woraufhin der Lord ihm die bessere seiner Waffen überlässt. In
dem knapp geschilderten Duell tötet Lord Darnell mühelos den unerfahrenen
Matty Groves und stellt seiner Frau die entscheidende Frage: „Who do you like
the best of us, Matty Groves or me?" Auf die sehr offene Antwort, „I'd ra-
ther a kiss from dead Matty's lips than you or your finery", tötet der erzürnte
Ehemann seine Frau (in einigen Varianten wird sie erstochen, in morbideren
Versionen in zwei Hälften geteilt und auch die Brüste abgetrennt). Am Ende
befiehlt der Lord (der sich in einigen Versionen am Ende auch selbst tötet) ein
Grab für die beiden Liebenden auszuheben: „But bury my lady at the top, for
she was of noble kin."

Matty Groves stammt aus der von Francis James Child (1825–1896) zu-
sammengestellten *The English and Scottish Popular Ballads*-Sammlung,[5] die
einen extrem facettenreichen Fundus an Liebes- und Beziehungsdramen umfasst. Gerade die Ballade *Matty Groves* wirft dabei auch die Frage auf, was
in der sogenannten Child Collection hinsichtlich der Geschlechter-Beziehungen
abgebildet wird – und wie dies mit Bezug auf die Gegenwart interpretiert und
adaptiert werden kann, denn *Matty Groves* folgt auf den ersten Blick dem
klassischen Moralthema der für ihre Vergehen bestraften Ehebrecherin. Wie
Petra Procházková[6] herausgearbeitet hat, wurden diese Balladen seitens der
feministischen Lesart des 20./21. Jahrhunderts als repräsentativ für eine patri-
archische Gesellschaft gedeutet, in welcher Frauen (wie auch bei *Matty Groves*
erkennbar) über ihre Beziehungsposition definiert[7] und teilweise deutlich misogyn (was sich auch in der Brutalität der Ermordung Lady Darnells zeigt)
dargestellt wurden. Doch wie etwa Jean R. Freedman[8] aufgezeigt hat, ist eine angemessene Interpretation schwierig, da der Balladenfundus eine extrem
große Bandbreite an möglichen Beziehungen, Geschlechterrollen und Perspektiven umfasst. Darüber hinaus entziehen sich die Balladen teilweise auch einer
eindeutigen inhaltlichen Bestimmung, da sie aufgrund ihrer Performativität
mit einer wesentlich größeren Vielfalt an historisch-kulturellen Ebenen durch-

---

5   Francis James Child: *The English and Scottish Popular Ballads*, Boston u.a. 1882–1898.
6   Petra Procházková: *Female Characteristics in The English and Scottish Popular Ballads*.
    MA Diploma Thesis, Masaryk University, Faculty of Arts 2011, hier 3.
7   Ebd., 21.
8   Jean R. Freedman: *With Child: Illegitimate Pregnancy in Scottish Traditional Ballads*,
    Folklore Forum 24/1 (1991), 3–18.

zogen sind als etwa ein rein schriftlich fixierter Text, was in der literaturwissen-schaftlichen Balladenforschung[9] oftmals übergangen wurde. So ist es nicht nur schwierig, aufgrund der mündlichen Überlieferung eine tatsächliche historische Einordnung vorzunehmen; das Repertoire hat zudem auch mehrere Revivals in jeweils unterschiedlichen Jahrhunderten bzw. Jahrzehnten mit jeweils anderen genderbezogenen Perspektiven durchlaufen.

So spielten die Child-Balladen eine zentrale Rolle in den verschiedenen Folk-Revivals des 19. und 20. Jahrhunderts, wodurch sie in unterschiedlichen Musikszenen und -kulturen adaptiert wurden. Die Transformation zeigt sich dabei nicht nur in den veränderten Kontexten, sondern auch in den inhaltli-chen Anpassungen – so stammen die eingangs zitierten Strophenverse aus der auf 19 Strophen reduzierten Version aus der englischen Folk-Rock-Bewegung der späten 1960er-Jahre, die trotz der Straffung den inhaltlichen Original-kern beibehält, sich musikalisch aber deutlich von den akustischen Vorgänger-Bewegungen distanziert und die blutige Dramatik in den Vordergrund stellt. Und es bleibt offen, inwieweit die sexuellen Passagen der *Matty Groves*-Ge-schichte im 19. Jahrhundert von den viktorianischen SammlerInnen bereinigt wurden. Diese Aspekte werfen daher die Frage nach der Bedeutung der his-torischen Bilder und Geschlechterbeziehungen für die modernen MusikerInnen auf – auch, weil andere Gruppen die Texte durchaus dem Zeitgeist angepasst haben.

Der begriffliche Rahmen

Hinsichtlich der historischen Verortung der Fallbeispiele ist für die weiteren Ausführungen zentral, dass viele europäische traditionelle Musikkulturen di-verse Revivals durchlaufen haben, welche mit einer Verschiebung des Kontex-tes, der Aufführungspraktiken sowie der Genderperspektiven der Aufführenden einhergegangen sind. Im Hinblick auf die britischen bzw. spezifisch englischen Traditionen und Interpretationsansätze lassen sich folgende Ebenen unterschei-den:

a) Unabhängig von der allgemeineren Definition des *International Folk Music Councils*[10] werden unter dem Konzept der ‚ursprünglichen' Tradition („tradi-tional music", „folk music") häufig die Musikkulturen des ländlichen Raums verstanden, wobei diese Konzeption eigentlich ebenfalls diverse urbane Kul-turen umfasst, die von den Sammlern des 19. Jahrhunderts – auch in ihren Konzepten – jedoch ausgespart wurden: Gekennzeichnet ist diese Ebene durch bestimmte Repertoires, besondere vokale und instrumentale Performanztechni-

---

9   Vgl. Procházková: *Female Characteristics* (wie Anm. 6).
10   International Folk Music Council: *Definition of Folk Music*, in: *Journal of the Interna-tional Folk Music Council* 7 (1955), 9–29.

ken, spezifische, oftmals intimere bzw. engräumige Kontexte (z.B. Küche oder die Camps der schottischen Traveller[11]) und teilweise Verbindung mit funktionalen oder jahreszeitlichen Aspekten. Zwar galten gerade für Johann Gottfried Herder die Traditionen des ländlichen Raums als zentraler Referenzpunkt,[12] jedoch ist auch hier die Tradition höchstwahrscheinlich immer im Wandel gewesen. Zugleich ist eine eindeutige Grenzziehung zwischen traditionellen und populären Repertoires schwierig. Jedoch wurde jenen Balladen, die später als Child-Balladen zusammengefasst, aber zunächst nicht als solche klassifiziert wurden, oftmals eine besondere Stellung eingeräumt. Einschneidend für den Rückgang dieser Traditionsschicht war – mit Blick auf die Vokaltraditionen – nicht nur die Verschiebung, sondern auch die Veränderung der Aufführungskontexte. Neben den veränderten ländlichen Produktionsbedingungen gehört dazu etwa auch die Situation in den Fabriken. Wie Marek Korczynski et al. aufgezeigt haben, konnten die Frauen aufgrund des zunehmenden Maschinenlärms nicht mehr wechselseitig singen und wurden teilweise auch zum Schweigen gezwungen.[13] Es bleibt jedoch schwierig zu eruieren, was in diesem Zusammenhang etwa hinsichtlich der Geschlechterbeziehungen unter einer ursprünglichen Bedeutung oder ursprünglichem Kontext verstanden werden kann, da die Repertoires über einen langen Zeitraum mündlich überliefert wurden und immer wieder auch inhaltlich angepasst worden sind – aber nur so weit, dass die ursprüngliche Geschichte noch erkennbar blieb: Auch in den nordamerikanischen Varianten blieben etwa die Hauptakteure Figuren der Britischen Inseln.

b) Unter dem sogenannten *First Revival* werden in Nordamerika und in Großbritannien (ab ca. 1880) jeweils die Gruppen der Volksliedsammler verstanden, die ab dem späten 19. Jahrhundert eher literaturwissenschaftlich orientiert (wie Child) arbeiteten oder als erste Feldforscher unterwegs waren. Ziel dieser Gruppe, die oftmals aus der Mittel- und Oberschicht kam, war nicht nur die Bewahrung der Repertoires, sondern auch die Neubelebung auf der Basis der erstellten und oftmals publizierten Sammlungen. Das führte jedoch zugleich zu einer Kontextverschiebung. Diese Gruppe war darüber hinaus nicht nur zentral für die Entwicklung erster Systematiken, welche auch Zusammenhän-

---

[11]   Die soziokulturelle Gruppe der Traveller (bzw. Tinker) wird den sogenannten Fahrenden zugerechnet. Obwohl es teilweise auch Vermischungen mit diversen Roma-Kulturen gegeben hat, gelten die Traveller auf den Britischen Inseln als eigenständige Gruppe, die jedoch eine ähnliche Ausgrenzung erlebt hat. Einige der wichtigsten Trägerinnen der vokalen und instrumentalen Traditionen der Britischen Inseln (z.B. Jeannie Robertson, The Stewarts of Blair, Margaret Barry) stammten aus dieser Kultur.

[12]   Johann Gottfried Herder: *Auszug aus einem Briefwechsel über Ossian, und die Lieder alter Völker*, in: ders.: *Von Deutscher Art und Kunst. Einige Fliegende Blätter*, Hamburg 1773, 3–70, hier besonders 11f.

[13]   Vgl. dazu Marek Korczynski/Michael Pickering/Emma Robertson: *Rhythms of Labour: Music at Work in Britain*, Cambridge 2013, hier 7.

ge zwischen Melodien, Liedvarianten etc. aufzeigten, sondern wurde aufgrund der gedruckten Fassungen zur zentralen Referenz- und Identifikationsgröße für die Nachkriegs-Revivalbewegungen des 20./ 21. Jahrhunderts. Im Kontext des *First Revival* waren auch viele Frauen aktiv, deren zentrale Rolle erst im späten 20. Jahrhundert neu bewertet wurde.[14] Gerade in dieser Phase wurden Adaptionen an die zeitgenössischen Moralvorstellungen der SammlerInnen vorgenommen bzw. aufgrund der gedruckten Veröffentlichungen auch erkennbar.

c) Als sogenanntes *Second Revival* wurden die Revival-Bewegungen bezeichnet, die nach dem Zweiten Weltkrieg erfolgten (USA ab den 1950er-, UK ab den 1960er-Jahren). Das Kriegsende markierte gerade in Großbritannien auch einen Einschnitt hinsichtlich der Traditionspflege, welche – neben der Kleidung als sichtbarer Indikator der Klassenzugehörigkeit – zunehmend aufgegeben wurde. Die britischen Musikkulturen wurden zu diesem Zeitpunkt nicht nur durch den amerikanischen Mainstream dominiert, sondern teilweise auch durch das etwas früher einsetzende *Second American Folk Revival*. Im Kontext des *Second Revival* entstand in Großbritannien eine neue Infrastruktur (so gründete der Revivalist Ewan MacColl [1915–1989] die ersten Folk-Clubs), und es wurde auch Repertoire wieder in Umlauf gebracht: vor allem durch Albert Lancaster Lloyd (1908–1982), der die gesammelten Quellen jedoch auch veränderte und zugleich Repertoires – etwa die erotischen Balladen –, welche durch die viktorianischen Sammler marginalisiert worden waren, neu popularisierte, aber auch als eine noch von christlichen Moralvorstellungen unverfälschte Kultur idealisierte und romantisierte.[15] Die Popularität bestimmter Balladen, die in der Gegenwart als ‚klassische‘ Folkballaden gelten, setzte erst zu diesem Zeitpunkt ein – und zwar vor allem durch die Adaption einer jungen MusikerInnen-Generation, welche nicht mit dieser Tradition aufgewachsen war, z.B. Anne Briggs (geb. 1944) und Martin Carthy (geb. 1940). Gleichzeitig entstanden im Rahmen dieser Bewegung wichtige Schallplatten-Einspielungen (vor allem durch das unabhängige Topic Label), welche zum Modell und (aufgrund der Beschreibungen in den Schallplatten-Texten auch inhaltlicher) Referenzpunkt der nachfolgenden Generationen wurden. Deutlich ist hier aber auch eine Gender-Trennung auf performativer Ebene: Das Instrumentalspiel war männlich dominiert, was auch schon in der Tradition erkennbar gewesen war. Aufgrund des englischen Revival-Ideals, dass traditionelle englische Musik nur unbegleitet gesungen werden sollte, sangen zwar sowohl Männer als auch Frauen; außerhalb der Clubs

---

[14] Vgl. etwa Dorothy de Val: *In Search of Song: The Life and Times of Lucy Broadwood*, Farnhem, Surrey 2011.

[15] Vgl. zu diesen Entwicklungen Britta Sweers: *Electric Folk: The Changing Face of English Traditional Music*, New York u.a. 2005. Siehe auch die Kommentare Lloyds zu den einzelnen Tracks des Albums *The Bird in the Bush: Traditional Songs of Love and Lust* (Topic 1996).

blieben die InstrumentalistInnen jedoch vorwiegend männlich.[16]

d) Unter anderem aufgrund der wachsenden Dogmatik in den Clubs hinsichtlich der unbegleiteten Aufführung des Liedrepertoires (das oftmals ohne Begleitung in den schriftlichen Quellen aufgezeichnet worden war) entstand in den späten 1960er-Jahren die sogenannte *Folk-Rock-* oder *Electric Folk-Bewegung*: Diverse MusikerInnen, die nach kreativeren Ansätzen suchten, taten sich mit Jazz- und RockmusikerInnen, aber auch VertreterInnen der Alten Musik zusammen und entwickelten teilweise sehr experimentelle musikalische Fusionen, die vor allem im Kontext von Festivals und Universitätsauditorien aufgeführt wurden[17] – und den romantischen Bildern der Viktorianer ein moderneres Gesicht gaben.

e) In den späten 1990er-Jahren kam es schließlich zu einem *Third Revival*, welches zu einer starken Popularisierung der bis dahin auf den Britischen Inseln eher abgelehnten englischen Volksmusik führte: Diese neue, sehr professionelle Generation, die teilweise auch an Musikhochschulen studiert hatte, durchbrach nicht nur Gender-Grenzen (erkennbar im deutlichen Anstieg weiblicher Instrumentalistinnen wie etwa der Northumbrian Bagpipes-Spielerin Kathryn Tickell, geb. 1967, oder Fiddle-Spielerin und Sängerin Eliza Carthy, geb. 1975), sondern zeichnet sich durch eine große Virtuosität und Eklektizität hinsichtlich des Materials aus, was durch eigenes Songwriting und auch Anpassung der traditionellen Inhalte an die Gegenwart, kombiniert mit einer erneuten Reflexion der Gender-Darstellungen in dem Material, ergänzt wird.[18] Dies war nicht nur mit einer breiteren Akzeptanz englischer Folk Music im Mainstream, sondern auch mit einer neuen Politisierung verbunden – gerichtet, wie im Fall der *Folk Against Fascism*-Bewegung, gegen zunehmend nationalistische Strömungen.[19]

Die Child-Balladen waren und sind ein zentrales Repertoire in allen diesen Revivals; teilweise sind diese Balladen auch – aufgrund des Einflusses der englisch-

---

[16]   Fast alle bekannten Gitarristen der englischen Folkszene waren männlich; es gab zwar auch begabte weibliche Gitarristinnen (z.B. Sandy Denny); dies wurde innerhalb der Szene wie auch im Folk-Journalismus jedoch meist übergangen (vgl. Britta Sweers: *Sandy Denny: Eine musikalische Grenzgängerin im Spiegel journalistischer und wissenschaftlicher Diskurse*, in: *Grenzgänge. Gender, Ethnizität und Klasse als Wissenskategorien der Musikwissenschaften*, hg. von Cornelia Bartsch und Britta Sweers, Hildesheim u.a. 2016 (Jahrbuch Musik und Gender, 8), 75–92.

[17]   Vgl. Sweers: *Electric Folk* (wie Anm 15).

[18]   Der innovative englische Folksänger und Multi-Instrumentalist Jim Moray (geb. 1981) ist einer der ersten Folksänger, der sich öffentlich als schwul geoutet hat. Während dies etwa bei Peggy Seeger (geb. 1935), die sich nach dem Tod von Ewan MacColl als lesbisch outete, in der Szene als akzeptabel galt, war das männliche Folk-Idealbild deutlich hetero-orientiert.

[19]   Vgl. Trish Winter/Simon Keegan-Phipps: *Performing Englishness: Identity and Politics in a Contemporary Folk Resurgence*, Manchester u.a. 2013.

sprachigen Siedler in den Appalachians und den Ozarks – in die Countrymusik, aber auch die Blues-Repertoires mit eingeflossen.[20]

Die Sammlung

Der US-amerikanische und in Boston ansässige Philologe Francis James Child, der die sogenannte Child-Sammlung zusammenstellte, war bereits im Alter von 26 Jahren auf eine Professur für Philologie an die Harvard University berufen worden. Childs Biographie ist auch insofern bemerkenswert, als er, als Sohn eines Segelmachers geboren, zunächst zwischen seinem 21. und 23. Lebensjahr als Tutor für Mathematik, 1849 auch für Geschichte und politische Ökonomie wirkte und dann zwischen 1849 und 1851 in Berlin Philosophie und in Göttingen germanische Philologie studierte. Hier lässt sich eventuell auch eine Erklärung für das Interesse an den Balladen finden: Berlin und Göttingen waren die Wirkungsorte der Brüder Jakob (1785–1863) und Wilhelm Grimm (1786–1859). Letzterer war bis zu seinem Tod in Berlin tätig, wobei der Kontakt jedoch offenbar vor allem zu Jakob Grimm bestand. Dieser hatte Child – welcher Europa während seiner Studienzeit auch intensiv bereist hatte – u.a. während seiner Berliner Zeit mehrfach zu Treffen eingeladen.[21]

Mit seiner Balladensammlung hatte Child einen angloamerikanischen Gegenpol zu den kontinentaleuropäischen Sammlungen geschaffen. Das Balladen-Repertoire der Britischen Inseln war in den umfassenden Migrationsbewegungen ebenfalls nach Nordamerika gewandert, wo das Material – etwa in den abgelegenen Regionen der Appalachians – teilweise besser überliefert worden war als in Europa (auch Cecil Sharp hatte hier von 1916 bis 1918 Feldforschungen unternommen). Die zentrale Rolle der Balladen als zentraler traditioneller Referenzpunkt wurde erst von John Avery Lomax (1867–1948) und Alan Lomax (1915–2002) durchbrochen, die zunächst mit den Cowboy-Songs und entsprechenden männlichen Idealbildern sowie dann mit der schwarzen Musik der Südstaaten – insbesondere dem Blues – neue Gegen- und Leitbilder kreierten.

Während in der deutschsprachigen Literatur unter dem Begriff der Ballade meist „ein [volkstümliches] Gedicht, in dem ein handlungsreiches, oft tragisch endendes Geschehen [aus Geschichte, Sage oder Mythologie] erzählt wird",[22] verweist Childs Betonung des Alters noch auf weitere Charakteristika. Hinsicht-

---

[20]   Dies wurde dann vom amerikanischen Folkrevival der 1950er-/60er-Jahre aufgegriffen. Auch Joan Baez' frühes Repertoire war zentral von den Child-Balladen geprägt, vgl. z.B. *Joan Baez*, Vol. 2 (Vanguard 1961).

[21]   Vgl. Mary Ellen Brown: *Child's Unfinished Masterpiece: The English and Scottish Popular Ballads*, Urbana u.a. 2011.

[22]   Hier als beispielhafte Definition aus dem *Duden online*, https://www.duden.de/recht schreibung/Ballade (abgerufen am 16.04.2019). Balladen wurden in Deutschland in den 1770er-Jahren sehr populär – nachdem englische Balladensammlungen hier veröffentlicht worden waren (auch Goethe hat Balladen gesammelt).

lich der Balladen in der traditionellen Musik (in England, aber auch Deutschland) kommen noch weitere Merkmale hinzu, die sie auch von der schriftlich komponierten Literaturgattung unterscheiden: Zwar können die Balladen einen übernatürlichen bzw. mystischen Inhalt haben (wie etwa bei Goethes *Erlkönig*-Ballade), in der Child-Sammlung dominieren jedoch wesentlich stärker zentrale menschliche Themen und Dramen (Liebe, Treue, Verrat, Mord etc.) von zeitloser emotionaler, gesellschaftlicher bzw. moralischer Bedeutung. Strukturell zeichnen sich die Child-Balladen u.a. durch eine sehr dichte Handlung aus (daran erkennbar, dass die Zusammenfassung – wie auch bei *Matty Groves* – meist genauso lang wird wie der ursprüngliche Text), sprachlich sind sie von vielen metaphorischen Ausdrücken und stereotypen Wendungen durchzogen.

Wie gerade auch Albert Lords zentrale Studie zur oralen Epen-Überlieferung in Südosteuropa gezeigt hat,[23] ist dabei das Zusammenspiel folgender Elemente – die sich auch in den Child-Balladen finden – zentral für die Überlieferung und Performanz der teilweise mehrstündig aufgeführten Epen: (a) eine Kernhandlung, die bekannt ist, aber ausgeschmückt werden kann (was auch die Entstehung der zahlreichen namentlichen und inhaltlichen Varianten erklärt). Dazu gehören aber auch (b) Erinnerungstechniken wie formelhafte Handlungen (etwa das dreimalige Ausführen von Aufgaben) und rhetorische Mittel (u.a. Alliterationen, Anaphern und stereotype Wendungen wie „milk-white steed" oder „lily-white hand"), verbunden mit (c) einer fast leidenschaftslosen Erzählweise und rückblickenden Dialogen. Gerade diese erinnerungstechnischen – und damit funktionalen – sprachlichen Stilmittel erschweren abermals die Bestimmung des tatsächlichen Kontextes der Balladen-Inhalte, wie dies teilweise in der (auch modernen) Literaturwissenschaft und aus feministischer Perspektive versucht wurde.[24]

Auf musikalischer Ebene zeichnen sich die Child-Balladen vor allem durch das Vorherrschen modaler Tonarten aus und werden, je nach dramatischer Handlung und Dichte, mit mehr oder weniger Verzierungen ausgeführt. Da die anonymen Child-Balladen (von keiner Ballade sind UrheberInnen überliefert) die Merkmale traditioneller Musik in einer so verdichteten Form repräsentieren (sie werden zudem als nicht-funktional kategorisiert, da sie nicht ausschließlich bzw. explizit mit Arbeits- oder jahreszeitlichen Kontexten verbunden sind), gelten sie als Inbegriff des Konzeptes traditioneller Musik im angloamerikanischen Raum.

Die Sammlung besteht konkret aus insgesamt 305 Balladen, die in fünf Bänden zwischen 1882 und 1898 unter dem Titel *The English and Scottish Popular Ballads* herausgegeben wurden. Childs Vorbild war vor allem Svend

---

23   Albert B. Lord: *The Singer of Tales*, hg. von Stephen Mitchell und Gregory Nagy, Cambridge (Mass.) u.a. 2. Aufl. 2003 [1. Aufl. 1960].

24   Vgl. Procházková: *Female Characteristics* (wie Anm. 6).

Grundtviks Sammlung *Danmarks gamle volkeviser*[25] gewesen, welche – was auch zentral für Childs Ansatz wurde – sämtliche dänischen Balladen umfasste, die aus den damals zugänglichen Manuskripten rekonstruiert werden konnten (im Falle Childs stammen 25% aus den früheren Sammlungen von Sir Walter Scotts und Bishop Thomas Percys *Reliquies of Ancient English Poetry* von 1765). Jede Ballade in Grundviks Sammlung hat darüber hinaus neben dem Titel eine Ordnungszahl (z.B. 55) und eine umfassende Liste mit sämtlichen eruierbaren Varianten (die mit einem Buchstaben angegeben wurden; z.B. 55a). Dieser Ansatz, der auch von Child übernommen wurde, lässt sich anhand der anfangs zitierten Ballade *Matty Groves* illustrieren: Diese in der Sammlung unter dem Titel *Little Musgrave and Lady Barnard* und der Nummer 81 aufgeführte Ballade wird mindestens auf das 17. Jahrhundert zurückdatiert (erste Publikation 1658). Child hat hier 14 Varianten veröffentlicht, die vom *Roud Folk Song Index* inzwischen auf 302 Beispiele erweitert wurden.[26]

Die Varianten und Zugehörigkeit der Texte wurden von Child subjektiv bestimmt, was nicht immer umfassend nachvollziehbar ist und von nachfolgenden AutorInnen deutlich kritisiert wurde,[27] wobei die Sammlung aufgrund der extrem detaillierten Manuskript-Referenzen auch in der Gegenwart eine zentrale Quelle für die Forschung darstellt. Die Balladen umfassen eine sehr große Zeitspanne mit den frühesten Versionen aus dem 13. Jahrhundert (*Judas*) und dem 15./16. Jahrhundert (der Robin-Hood-Zyklus). Die meisten stammen jedoch aus Quellen aus dem 17./18. Jahrhundert, wobei Child gerade dem älteren Material den höchsten Wert beimaß. Da die Sammlung aus literaturwissenschaftlicher Perspektive erstellt wurde, enthält sie keine Noten und wurde zudem inhaltlich stark ediert (d.h. den damaligen Moral-Konventionen angepasst). Im Gegensatz zu seinen Zeitgenossen war Child – der auf ein umfassendes Netzwerk an Sammlern und Wissenschaftlern zurückgreifen konnte und auch öffentliche Anzeigen geschaltet hatte – jedoch hinsichtlich seiner editorischen Arbeit wesentlich transparenter.[28]

Erst in den 1950er Jahren wurden – soweit zu diesem späten Zeitpunkt noch eruierbar – die Melodien von Bertrand Harris Bronson (1902–1986) ergänzt. Bronson, der Professor in Berkeley (University of California) für Englisch war, trug in seiner zentralen Publikation nicht nur alle auffindbaren Quellen zu

---

[25] Die Sammlung, deren erstes Volumen 1853 veröffentlicht wurde, fand erst 1976 mit dem zwölften Band ihren Abschluss.

[26] Der *Roud Folk Song Index* ist gegenwärtig die wahrscheinlich wichtigste Quelle zu angloamerikanischen Folksongs. Der Index mit über 200.000 Belegen zu 25.000 Liedern – vor allem auch Broadsides – ist auf der Webseite der *English Folk Dance and Song Society* (https://www.vwml.org/search, abgerufen am 20.09.2018) abrufbar.

[27] Vgl. Dave Harker: *Fakesong: The manufacture of British ‚folksong‘ 1700 to the present day*, Milton Keynes, Philadelphia 1985.

[28] Vgl. dazu das Vorwort („Advertisement") zu Child: *The English and Scottish Popular Ballads* (wie Anm. 5), hier Vol. 1 (keine Seitenangabe).

den Melodien zusammen, sondern erstellte auch Melodien-Stammbäume mit detaillierten Varianten und Ableitungen.[29] Es war jedoch nahezu unmöglich, die eigentliche Aufführungspraxis zu rekonstruieren – und Bronsons systematische Darstellung wurde von den modernen Revivalgenerationen, welche den unbegleiteten Gesang idealisierten, zugleich teilweise als authentische Rekonstruktion (miss-)verstanden.

Die Ballade *Matty Groves* wurde zwischen 1607 und 1641 auch als Broadside gedruckt,[30] was jedoch oftmals übergangen wurde, da die Child-Balladen in ihrer Idealisierung auch deutlich von diesen sogenannten Broadside Ballads abgegrenzt wurden. Grob gesprochen unterscheiden sich die Broadsides von den Child-Balladen durch ihre Fokussierung auf historische Ereignisse, die sentimentale Sprache und eine oftmals deutliche Schlussmoral. Broadsides hatten häufig einen kommerziellen Entstehungshintergrund, wurden oftmals von professionellen Liedschreibern verfasst, zu populären Liedmelodien gesetzt (die daher eher selten abgedruckt wurden; häufiger ist der Verweis „to the tune of...") und als einseitig bedruckte Flugblätter verkauft. Wie *Matty Groves* illustriert, war auch diese Trennung, die später gerade durch neo-marxistisch orientierte britische Forscher hinterfragt wurde, künstlich. Autoren wie Dave Harker argumentierten sogar, dass die gesamte Sammlung ein literaturwissenschaftliches Konstrukt sei, das bourgeoise Normen bei der Auswahl der oralen Quellen – d.h. ein „class-based interest" – reflektiere, was eine Rekonstruktion des damaligen Lebens der Landbevölkerung nahezu unmöglich mache.[31] Zwar waren in der Tat sehr viele Child Balladen ursprünglich Broadsides gewesen (auch die mystische *Tam Lin*-Ballade, s.u., stammte von einer Broadside von 1558), und viele SängerInnen hatten darüber hinaus immer ein gemischtes Repertoire gesungen – in ihrer Ausschließlichkeit ist jedoch auch Harkers Kritik überkonstruiert.

Die Beziehungen in den Child-Balladen

Mit Blick auf den Inhalt sind die zentralen menschlichen Themen in den Balladen teilweise äußerst dramatisch umgesetzt worden, so dass sie fast als extrem verdichtete Dramen umschrieben werden können: Hinsichtlich der Liebesdramen ist *Matty Groves* hier nur ein Beispiel des sehr großen inhaltlichen Spektrums; in anderen Balladen (*The House Carpenter*, Child 243, s.u.) geht es um Dämonen als tödliche Liebhaber; verführerische Meerjungfrauen, welche Schiffen den Untergang bringen (Child 289); Inzest (*Lizzie Wan*, Child 51), junge Frauen, die ihren verfluchten Liebhaber vor einer Elfenkönigin retten (*Tam*

---

29 Bertrand Harris Bronson: *The Traditional Tunes of the Child Ballads: With Their Texts, According to the Extant Records of Great Britain and North America*, 4 Volumes, Princeton u.a. 1959–72.

30 Vgl. Child: *The English and Scottish Popular Ballads* (wie Anm. 5), Vol. 2, 243.

31 Harker: *Fakesong* (wie Anm. 27).

Lin, Child 39) – oder sture Ehepaare wie in der Ballade *Get Up and Bar the Door* (Child 275), deren Wette, dass jene/r, die/der zuerst ein Wort spricht, die zugige Tür schließen soll, durch Einbrecher auf eine harte Probe gestellt wird.

Um die inhaltlichen Darstellungen der Child-Balladen genauer zu rekonstruieren, werden im Folgenden einige der populärsten Gender-Fallbeispiele genauer skizziert und kontextualisiert. Zu den bekanntesten Balladen zum Thema Geschlechterkampf gehört die Child-Ballade Nr. 44, *The Twa Magicians*. In dieser Ballade, die erstmals 1828 erschien (Child bezieht sich primär auf Peter Buchans Sammlung der *Ancient Ballads and Songs of the North of Scotland*)[32] und vor allem in der zweiten Hälfte des 20. Jahrhunderts sehr populär wurde, droht ein Schmied, sein weibliches Gegenüber zu entjungfern. In der Folge kommt es zu einer Verwandlungs-Verfolgungsjagd, in welcher – in zahlreichen Varianten weiter ausgeschmückt – sich die weibliche Protagonistin z.B. in ein Tier oder einen Gegenstand verwandelt und er in das dominantere Gegenstück (verwandelt sie sich in einen Hasen, wird sie von ihm als Greyhound gefangen oder von ihm als Ente in Gestalt eines Jagdhundes oder Erpels übertrumpft). Im Gegensatz zu anderen Varianten kann sie in der Child-Version nicht entkommen. Gerade diese Ballade ist ein gutes Beispiel für die sexuelle Neuinterpretation durch das Second Revival. A. L. Lloyd, der diese Ballade auch wieder in Umlauf gebracht hat, verknüpft im Vorwort zu *The Bird in the Bush: Traditional Songs of Love Lust – Erotic Folk Songs* (Topic 1966) diese Erzählung etwa mit Hindu-Schriften und einer damit verbundenen Jahrtausende alten Überlieferungstradition.

Häufiger vermitteln jedoch die Balladen in ihrer sehr direkten Darstellungsweise, die auch bei *Matty Groves* erkennbar ist, eine moralische Botschaft – so in der Child-Ballade *The Demon Lover* bzw. *The House Carpenter* (Child 243): Ein Mann (sehr häufig der Teufel) kehrt, oftmals nach sehr langer Abwesenheit, zu seiner ehemaligen Geliebten zurück, die inzwischen – häufig einen Tischler – geheiratet und ein oder mehrere Kind(er) hat. Oftmals mit der verlockenden Aussicht auf zahlreiche mit Schätzen beladene Schiffe verführt er sie dazu, Mann und Kind(er) zurückzulassen und mit ihm zu kommen. Sie stechen mit einem seiner Schiffe in See (die in diversen Versionen keine Besatzung haben). Sehr bald betrauert sie ihr zurückgelassenes Kind (in manchen Versionen mehrere Kinder), wird jedoch vom Anblick grüner Hügel in der Ferne abgelenkt. Ihr Liebhaber enthüllt ihr, dass sie nicht zu diesen Hügeln reisen werden, die den Himmel darstellen. Stattdessen weist er auf eine viel dunklere Küste als Ziel, die sich als die Hölle entpuppt. Er zerbricht dann das Schiff bzw. das Schiff erleidet Schiffbruch und versinkt.

---

[32] Peter Buchan: *Ancient ballads and songs of the north of Scotland, hitherto unpublished, with explanatory notes*, Edinburgh 1828.

Wie anhand dieses Beispiels und auch *Matty Groves* deutlich wird, bezahlen die Frauen in den Child-Balladen ihre Grenzüberschreitung häufig mit dem Leben – was aus feministischer Perspektive oftmals als extrem misogyn interpretiert wurde.[33] Auch andere Balladen scheinen diesen Vorwurf zu bestätigen – sei es hinsichtlich fehlender Selbstkontrolle (in *Willie O'Winsbury*, Child 100, wird die ungewollte Schwangerschaft der Königstochter damit entschuldigt, dass sie sich als Frau nicht kontrollieren konnte) oder Kontrollierbarkeit (in Gestalt der gefährlichen Verführerin wie in *Child Owlet*, Child 291). Dazu gehört aber auch die Verbindung der Frau mit dem Teufel (die Antwort auf die Rätselfrage „What is worse than women?" in *Riddles Wisely Expounded*, Child 1) und mit körperlichen Aspekten (wie im Fall von *Alison Gross*, Child 35, die als hässliche Hexe dargestellt wird).[34]

Eine eindeutige Interpretation ist jedoch schwierig – nicht nur aufgrund der Heterogenität der Sammlung, sondern auch hinsichtlich der komplexen Kontextualisierung. So hat sich der britische Volksmusikforscher Vic Gammon intensiv mit der Frage auseinandergesetzt, inwieweit diese Balladen tatsächlich zur moralischen Erziehung dienten oder, wie im Falle der *Twa Magicians*, eine freiere, archaische Geschlechtermoral reflektieren.[35] Aus Gammons Sicht ist etwa Lloyds Darstellung der Ballade als Beispiel für die Übereinstimmung der Landbevölkerung mit der Natur viel zu romantisierend. Zwar stammten die meisten Sammlungen aus der Zeit zwischen 1800 und 1920, der Großteil des gesammelten Materials kann jedoch auf die Zeit von 1600 bis 1850 zurückgeführt werden.[36]

Wie Gammon detailliert herausgearbeitet hat, gab es gerade im 18. Jahrhundert ein Spannungsfeld zwischen den strengen Moralvorstellungen und der Realsituation junger Paare, die erst in einer wirtschaftlich abgesicherten Situation – und somit meist spät – heirateten. Trotz klarer Verhaltenscodes wurde insbesondere diese Epoche von ungewohnten sexuellen Freiheiten bestimmt (im ländlichen Raum gab es etwa häufig sexuellen Kontakt vor der Heirat – meist jedoch zwischen Partnern, die ohnehin heiraten wollten).[37] Ein frühes Heiratsalter lässt sich laut Gammon erst ab Ende des 18. Jahrhunderts nachweisen, das zunehmend von neuen industriellen Produktionsformen und veränderten Aufstiegs- und Erbsituationen geprägt wurde: So gab es angesichts der schwindenden Aussichten auf Erbe bzw. höhere Gehälter keine Gründe

---

[33] Vgl. Procházková: *Female Characteristics* (wie Anm. 6), 21.
[34] Ebd.
[35] Vgl. zu diesem Themenfeld Vic Gammon: *Desire, Drink and Death in English Folk and Vernacular Song, 1600–1900*, Aldershot 2008, insbesondere Kap. 1, hier 17.
[36] Ebd., S. 15–49.
[37] Eine zentrale zeitgenössische Quelle – die auch von Gammon verwendet wird – ist hier Peter Gaskell: *The Manufacturing Population of England: Its Moral, Social, and Physical Conditions and the Changes Which have Arisen From the Use of Steam Machinery*, London 1833.

mehr, eine Heirat zu verzögern.[38] Dies weist einerseits darauf hin, dass die kodierten Darstellungen auch editorische Veränderungen durch die viktorianischen und edwardischen Sammler repräsentieren. Das zeigt sich nicht nur in der in-flagranti-Szene in *Matty Groves*, sondern auch in eindeutig symbolisch aufgeladenen Darstellungen wie etwa dem wiederkehrenden Thema des Schmiede-Hammers in anderen Liedern (*A Blacksmith Courted Me*). Andererseits lassen sich hier trotzdem bestimmte gesellschaftliche Verhaltensweisen herauslesen – etwa, wenn eine Heirat nur bei Zustimmung der Familien und der Community erfolgen konnte.[39]

Unabhängig davon vermitteln jedoch gerade die Repertoires außerhalb der Child-Balladen tiefere Einblicke in historische Beziehungen – so etwa zum Machtverhältnis zwischen dem Hausherren und den weiblichen Bediensteten.[40] Darüber hinaus gab es offenbar auch sehr viele unglückliche Ehen (erkennbar an den häufig wiederkehrenden Broadside-Themen der aggressiven Ehefrau oder dem betrunkenen, gewalttätigen Ehemann) – neben illegitimen Kindern und Schwangerschaften mit Todesfolge. Dass es auch ein Repertoire jenseits der viktorianischen-edwardischen Moral gegeben haben muss, illustrieren andere Sammlungen wie etwa Vance Rudolphs *Unprintable Ozark Folksongs and Folklore*[41] sowie weitere Bawdy-Ballads, die sich – mit den britischen und irischen Siedlern und Deportierten migriert – häufig in Australien wiederfinden wie etwa *Baker and Wife* oder *Bachelor's Resolution*.

Trotz allem fällt jedoch die bemerkenswerte Langlebigkeit und Popularität der Child-Balladen hier besonders auf. Wie Lynn Wollstadt anhand des Fallbeispiels Schottland genauer ausgeführt hat, waren viele dieser Balladen Bestandteil weiblicher Repertoires.[42] Wollstadt zufolge identifizieren nur wenige Balladen männliche Handlungsträger von niedrigem Stand (die dann oftmals auch ambivalente Charaktere darstellen) – häufig stammen die zentralen Protagonisten aus der Oberschicht. Zugleich sind es oftmals die Männer, die handeln, und die Frauen, die reagieren. Aus der Perspektive von Wollstadt, welche die Balladen anhand eines Analyse-Rasters aus der Kombination von persönlichem und kulturellem Erfolg bzw. Misserfolg kategorisiert hat, kann beispielsweise das Ergebnis der Demütigungen, welche die weibliche Hauptfigur in der Ballade *Child Waters* (Child 63) erleiden muss, im Ergebnis als persönlicher und kultureller Erfolg verstanden werden. Die schwangere Margaret oder Faire Ellen wird von dem Kindsvater Child Waters (oder Lord John) abgewiesen. In einigen Versionen bietet er ihr Land für die Unterstützung ih-

---

[38] Gammon: *Desire, Drink and Death* (wie Anm. 35), 18–25.

[39] Ebd., 43.

[40] Ebd., 26–28, 33.

[41] Vance Randolph/Gershon Legman: *Blow the Candle Out: Unprintable Ozark Folksongs and Folklore*, Fayetteville 1992.

[42] Lynn Wollstadt: *Controlling Women: Reading Gender in the Ballads Scottish Women Sang*, in: *Western Folklore* 61/3–4 (Herbst 2002), 295–317.

res Kindes an, sie jedoch fordert die Beziehung ein. Daraufhin befiehlt er ihr, dass sie als sein Diener verkleidet an seiner Seite leiden muss – in einigen Versionen wird sie schlechter behandelt als sein Pferd und Jagdhund. Trotz aller Demütigungen hält sie zu ihm. Erst nachdem sie auch ihr Kind unter teilweise widrigen Umständen geboren hat, verspricht ihr Child Waters die Heirat. Wollstadt zufolge kann die Ballade als Hinweis interpretiert werden, dass der Weg zur Heirat rau ist. Sympathieträger sind diese mächtigen männlichen Figuren jedoch nicht – unter den SängerInnen genießen vor allem die schwächeren Charaktere größeres Mitgefühl: „[T]he most attractive, sympathetic male characters in the ballads popular among women are themselves generally vulnerable, or even victimized."[43] Das umfasst gerade auch sterbende männliche Figuren – wie den Geliebten von *Barbara Allen* (Child 54; vgl. auch *Lord Randall*, Child 12), der in quasi umgekehrten Gender-Verhältnissen auf seinem Sterbebett bewusst alleine gelassen wird. Ein anderes Beispiel für umgekehrte Geschlechterverhältnisse sind, wie in *Matty Groves*, jene Frauen, welche Männer unterhalb ihrer Gesellschaftsschicht heiraten – jedoch dann oftmals zusammen mit ihrem Geliebten scheitern.

Die Bedeutung der Balladen in der Gegenwart

Während sich die Popularität von Balladen wie *Matty Groves* schon aus der dichten, fast krimiartigen Geschichte mit Verführung, Ehebruch, Verrat, Duell und Mord erklärt, haben mir britische Sänger der zweiten Generation auch noch andere Erklärungen gegeben. So erwähnte die britische, stark feministisch orientierte Folksängerin Frankie Armstrong (geb. 1941), die ein ganzes Album mit Child-Balladen eingespielt hat, dass ihr dieses Repertoire die Gelegenheit gebe, eine andere Realität zu betreten, sei es die eines Milchmädchens oder eines Bettlers. Der Folk Rock-Musiker Ashley Hutchings (geb. 1945) hingegen sah in den Balladen auch die Möglichkeit, die britische Geschichte – sei es hinsichtlich der Arbeiterklasse oder der Minenarbeiter – auf sehr intensive Weise zu entdecken, wobei gerade die großen (= Child)-Balladen eine besondere Faszination beinhalten:

> „[B]ut in the great ballads, as in mythology, the lessons are much more subtle; you just live with them and they will gradually osmose into your consciousness. In them we can find immense compassion, imagination, and illumination of the human condition – in all its complexity and contradictions."[44]

Für die Folk- und Folk Rock-Sängerin Maddy Prior (geb. 1947) ist es auch die Zeitlosigkeit der Inhalte, die eine zentrale Faszination ausmacht: Die Geschichte eines jungen Mädchens, das unerkannt schwanger wird, könnte auch

---

[43] Ebd., 296.
[44] Zit. nach Sweers, *Electric Folk* (wie Anm. 15), 236.

im modernen New York passieren, wo der Bauch dann durch ein Sweatshirt bedeckt wird. Frankie Armstrong erläutert in einem Interview jedoch auch die Möglichkeit, wie die Geschichten in Richtung weiblicher Stärke uminterpretiert werden können – abermals in Rückgriff auf *Child Waters*: „On a more mythic level it is she, closer to nature and following her heart, who wins out over his attempt to follow the conventions of the time – i.e. that we must marry a woman of wealth and position."[45]

Eine weitere Ballade, die interessanterweise gerade die modernen Revival-Generationen beschäftigt hat, ist *Fair Lizzie / Lizzie Wan* (Child 51), welche mit dem Kind ihres Bruders schwanger ist und von ihm schließlich ermordet wird. Von der Mutter befragt, bezeichnet der Bruder das an ihm klebende Blut zunächst als jenes von einem erlegten wilden Tier, dann seines Jagdhundes, seines Falken und Pferdes und muss dann zugeben, dass er sie ermordet hat. Er reist dann davon oder bringt sich um. Die Ballade existiert in mehreren Varianten (u.a. auch *Edward*, Child 13), ist jedoch in eher geringerer Variantenbreite überliefert worden. Jedoch auch andere Balladen wie *Sheath and Kife, The King's Dochter Lady Jean* und *The Bonny Hind*, wie zudem die Tatsache, dass diese Ballade eine durchgehende Überlieferung aufweisen kann, verweisen darauf, dass das Thema Inzest eine große Faszination auf die SängerInnen der verschiedenen traditionellen und Revival-Generationen ausgeübt hat. Wie Folk-Sänger und Gitarrist Martin Carthy, der das Stück erstmals 1967 auf dem Album *Byker Hill* einspielte, im Booklet der CD *Skin and Bone* (1992) zu diesem Stück anmerkt:

> „The song is one of those rare birds in the British Isles tradition, which deals with the great taboo of incest, and it does so bluntly and succinctly. The attitude in most parts of our society is still one of hiding and not talking about it as evinced in the very recent BBC decision to cut love scenes from the Australian soap opera ‚Neighbours' between actors playing a half brother and sister. I remember when I first started singing the song twenty five years ago, a friend who was a social worker [...] telling me that of all the problems he had to deal with, incest was far and away the most common, and any attempt to move discussion into the mainstream is still firmly resisted."[46]

Armstrong bemerkt dazu hingegen im Booklet zu ihrem Album *Till the Gras O'ergrew the Green* (Fellside 1996): „Although it has not been collected very often, Bronson comments that the tunes suggest a continuous and unbroken tradition and speculates that it may be more widespread than we know, being

---

[45]   Zit. nach ebd.

[46]   Martin Carthy, CD-Booklet zu Martin Carthy und Dave Swarbrick: *Skin and Bone* (Special Delivery Records 1992), 2.

kept close from casual collectors – strangers at best."[47] Tatsache ist jedoch, dass die Ballade gerade im Kontext der 1960er Jahre – und wahrscheinlich in Verbindung mit den wesentlich liberaleren Moralvorstellungen jener Zeit – eine neue und deutlich öffentlicher ausgelebte Popularität erfahren hat.

Zur Transformation der Balladen

Andere Balladen wie etwa *Tam Lin* (Child 39) wurden hingegen modernen Verhältnissen angepasst: Die Ballade – die abermals aus den Borderlands stammt und aufgrund ihrer Popularität unter englischen SängerInnen auch innerhalb englischer Sammlungen kategorisiert wurde – wird von Freedman als ein besonders prägnantes Gegenbeispiel für die puritanischen Moralvorstellungen ihrer Entstehungszeit und Warnung hinsichtlich einer zu einseitigen Kategorisierung der Sammlung angeführt: „presenting a world that is the reverse of the patriachical Calvinist society that existed in the time and place of its creation."[48] Wie in den hier aufgeführten ersten zwei Strophen angedeutet, beginnt die Ballade mit der Warnung davor, dass der unterstersterbliche Tam Lin von jedem Mädchen, das den Wald Carterhaugh betritt, dessen Jungfräulichkeit einfordert:

O I forbid you, maidens a',
That wear gowd on your hair,
To come or gae by Carterhaugh,
For young Tam Lin is there.

There's nane that gaes by Carterhaugh
But they leave him a wad,
Either their rings, or green mantles,
Or else their maidenhead.

Die Königstochter Margaret (manchmal auch Janet) begibt sich dennoch in den Wald und stellt nach der Begegnung mit Tam Lin fest, dass sie schwanger ist. Auf der Suche nach „a herb" begegnet sie in dem Wald Tam Lin wieder, der sie vehement von der Abtreibung abhalten möchte. Wie er berichtet, wurde er einstmals nach einem Sturz vom Pferd von der Elfenkönigin gefangengenommen. Alle sieben Jahre bezahlen die Elfen an Halloween einen Tribut an die Hölle, und Tam Lin fürchtet, dass er in diesem Jahr das Opfer sein wird. Er verrät Janet, wie sie ihn aus der Reitergruppe retten kann, indem sie sich auf sein Pferd schwingen und ihn fest umklammern soll. Die Elfen würden ihn dann in verschiedene gefährliche Tiere und Objekte verwandeln – doch solange sie

---

47   Frankie Armstrong, CD-Booklet zu Frankie Armstrong: *Till the Grass O'ergrew the Green* (Fellside 1992), 4.
48   Freedman: *With Child* (wie Anm. 8), 10.

an ihn glaube, könne ihr nichts passieren. Sobald er sich in brennende Kohle verwandle, solle sie ihn in einen Brunnen werfen. Darauf würde er als nackter Mensch wiedererscheinen. Margaret folgt den Instruktionen, versteckt ihn und gewinnt ihren Ritter – was ihr die wütende Elfenkönigin zugestehen muss.

Wie Freedman hinsichtlich des gesellschaftlichen Kontextes argumentiert: „Tam Lin does not defy convention; it simply side-steps it", indem die Ballade Alternativen eröffnet[49] – in einer Welt, die von Frauen, sowohl von Janet als auch von der Elfenkönigin, kontrolliert wird: Niemand fällt – wie dies etwa bei *Willie O'Winsbury* der Fall ist – ein Moralurteil über Janet; der Vater wird als nachsichtig beschrieben – und Janet, die im Gegensatz zu Tam Lin die aktiv Handelnde ist, muss ihr Schicksal selbst in die Hand nehmen. Gerade diese Ballade demonstriert, so Freedman, die Breite der Möglichkeiten und Perspektiven in den Child-Balladen. Dies auch als Kontrast zu der stärker realistischen *The Cruel Mother* (Child 20), die von den Geistern ihrer abgetriebenen Kinder heimgesucht wird oder *Lady Maisry* (Child 65), die für ihre Liebe zu einem Engländer (und die illegitime Schwangerschaft) verbrannt wird – hier also wieder der Verweis auf die notwendige Zustimmung von Familie und Community.

Tam Lin wurde unter dem Einfluss A. L. Lloyds im Second Revival wieder aufgegriffen und ist ein gutes Beispiel für die Möglichkeiten einer inhaltlichen Anpassung an den Zeitgeist. Dies verdeutlicht auch die adaptierte Einspielung auf dem Album *The Imagined Village* (2007), in dessen Mittelpunkt die Neuinterpretation des traditionellen Repertoires steht. So hat der politisch orientierte britisch-jamaikanische Rap-Sänger Benjamin Zephaniah (geb. 1958) den Text seinem Migrationshintergrund entsprechend angepasst, während Eliza Carthy – Tochter von Gitarrist Martin Carthy und der Second Revival-Sängerin Norma Waterson (geb. 1939) – den Refrain neu eingesungen hat. Vor diesem Hintergrund wird aus Janet ein junges Mädchen, das am 1. Mai – ursprünglich ein Frühlings- bzw. Fruchtbarkeitsfest – in einer Disco auf der Suche nach Marihuana ist (Zephaniah verwendet hier den Rastafari-Ausdruck „the holy herb") und von dem männlichen Protagonisten nach einem One-Night-Stand schwanger wird. Sie findet ihn erst sechs Monate später wieder und erfährt, dass er als illegaler Einwanderer ohne gültiges Visum am nächsten Tag seine Anhörung vor Gericht hat. Aus Angst vor den Vorurteilen, die ihm hier begegnen werden, bittet er sie, ihn vor der Verhandlung fest zu umarmen und mit ihren positiven Gedanken zu füllen – wodurch sie ihrerseits einen aktiven Part in der Handlung einnimmt. So verwandelt er sich in alle Vorurteile (in einen Zuhälter, Dieb, etc.) – bis sie ihn mit allen positiven Gedanken gefüllt hat und er er selbst sein kann: eine freundliche, friedliche Person. Er übersteht die Befragung durch den Richter und wird eingebürgert. Beide gründen eine Familie, und das Kind wird ein DJ.[50]

---

49   Ebd., 11.
50   Ein anderes Beispiel ist das Lied *Reynardine* über einen Werfuchs, dessen angedeutetes

Ausblick

Die Forschung zu den Child-Balladen ist bisher eher als Quellenkunde, teilweise mit neo-marxistisch geprägten Neuinterpretationen, erfolgt. Trotz diverser literaturwissenschaftlicher Interpretationen fehlen jedoch immer noch Analysen zu ihrer breiteren kontextualisierenden Rezeptionsgeschichte – während die Biographie über Child erst 2011 erschienen ist. Aufgrund der Veränderungen – gerade auch durch die zahlreichen Revivals – lassen sich eindeutige Aussagen der Balladen zu Gender-Fragen nur schwer fixieren; im Gegensatz zu den Broadsides, die auf historischer Ebene hier wesentlich aussagestärker sind. Andererseits zeigt die Faszination für dieses Repertoire, das sich über Jahrhunderte durchzieht, dass die Balladen elementare Einsichten vermitteln, die trotz zeitkultureller Besonderheiten offenbar zeitlos sind – unabhängig von den tatsächlichen Ursprüngen des Materials: Es bleiben, wie im Falle von *Matty Groves*, spannende Geschichten, die noch immer vielfältige Entdeckungsmöglichkeiten eröffnen, wenn man die verschiedenen Intentionen der Sammler und Revivalisten zu lesen vermag.

Literatur

Bronson, Bertrand Harris: *The Traditional Tunes of the Child Ballads: With Their Texts, According to the Extant Records of Great Britain and North America*, four volumes. Princeton, New Jersey/Northfield, Minnesota 1959–72.

Brown, Mary Ellen: *Child's Unfinished Masterpiece: The English and Scottish Popular Ballads*, Urbana, Chicago und Springfield 2011.

Child, Francis James: *The English and Scottish Popular Ballads*, Boston, New York 1882–1898.

De Val, Dorothy: *In Search of Song: The Life and Times of Lucy Broadwood*, Farnhem, Surrey 2011.

Freedman, Jean R.: *With Child: Illegitimate Pregnancy in Scottish Traditional Ballads*, in: *Folklore Forum* 24/1 (1991), 3–18.

Gammon, Vic: *Desire, Drink and Death in English Folk and Vernacular Song*, 1600–1900, Aldershot 2008.

Harker, Dave: *Fakesong: The manufacture of British ‚folksong' 1700 to the present day*, Milton Keynes, Philadelphia 1985.

Ende von der Band Mr. Fox in der Einspielung von 1971 fiktiv weitergeschrieben wurde.

International Folk Music Council: *Definition of Folk Music*, in: *Journal of the International Folk Music Council* 7 (1955), 9–29.

Korczynski, Marek, Michael Pickering und Emma Rovertson: *Rhythms of Labour: Music at Work in Britain*, Cambridge 2013.

Lord, Albert B.: *The Singer of Tales*, hg. von Stephen Mitchell und Gegrory Nagy, Cambridge (Mass.), 2. Aufl. London 2003 [1. Aufl. 1960].

Procházková, Petra: *Female Characteristics in The English and Scottish Popular Ballads*, MA Diploma Thesis, Masaryk University, Faculty of Arts 2011.

Sharp, Cecil: *English Folk Songs: Some Conclusions*, London 1907.

Sweers, Britta: *Electric Folk: The Changing Face of English Traditional Music*, New York, Oxford 2005.

Dies.: *Sandy Denny: Eine musikalische Grenzgängerin im Spiegel journalistischer und wissenschaftlicher Diskurse*, in: *Grenzgänge. Gender, Ethnizität und Klasse als Wissenskategorien der Musikwissenschaften*, hg. von Cornelia Bartsch und Britta Sweers, Hildesheim u.a. 2016 (Jahrbuch Musik und Gender, 8), 75–92.

Winter, Trish und Simon Keegan-Phipps: *Performing Englishness: Identity and politics in a contemporary folk resurgence*, Manchester, New York 2013.

Wollstadt, Lynn: *Controlling Women: Reading Gender in the Ballads Scottish Women Sang*, in: *Western Folklore* 61/3–4 (Herbst 2002), 295–317.

Der Kuss: Eine Philematophonie

Nina Noeske

1. Romantisches Kunstlied

In Franz Schuberts *Gretchen am Spinnrade* kommt einer der wohl bekanntesten Küsse der Musikgeschichte vor. Im Kuss, oder besser gesagt, in der Vorstellung eines Kusses erreicht – nach etwas mehr als der Hälfte des Liedes – die Leidenschaft ihren Höhepunkt; das Sehnen („sein Kuss!") kulminiert in einem Dominantseptnonakkord auf A-Dur (mit Terz im Bass), der auf der Fermate zunächst unaufgelöst bleibt und in den folgenden Takten zurück in die Grundtonart d-Moll führt. Eingeleitet wird der Kuss-Akkord durch die Doppeldominante, einen verkürzten Septnonakkord auf *e*.

Abbildung 1: Franz Schubert: *Gretchen am Spinnrade*, T. 66-68

Mit diesem Akkord wird eine neue Ebene erreicht, die ihrerseits die Anbindung an die Grundtonart des Liedes (d-Moll) ermöglicht – allerdings nicht als terzverwandter Gegenklang, wie B-Dur, sondern dominantisch. Es ist also die Vorstellung des Kusses, welche nach kurzfristiger harmonischer Bodenlosigkeit zwischen „ach" und „sein Kuss!" die direkte Verbindung zum Beginn des Liedes wieder herstellt; erst der Gedanke an den Kuss ermöglicht es Gretchen, die Arbeit – zunächst zögernd – wieder aufzunehmen und damit gleichsam den Gedankenfaden weiterzuspinnen. Bis zum Ausruf „ach" („Sein hoher Gang, / seine edle Gestalt, / seines Mundes Lächeln, / seiner Augen Gewalt, / und seiner Rede / Zauberfluss, / sein Händedruck, / und ach") entfernt sich das musikalische Geschehen harmonisch immer weiter von der Ausgangstonart: „[S]einer Augen Gewalt" entführt die Hörer bereits über Es- nach As-Dur, das durch einen gewaltigen harmonischen Abgrund – einen Tritonusabstand – von d-Moll getrennt ist. „Seiner Rede Zauberfluss" wiederum (mit dem Tonikagegenklang B-Dur auf „-fluss") ist zwar erneut sehr nahe an d-Moll, installiert aber durch das anschließende tonartenferne *gis* eine besondere Farbe, einen zauberischen, traumverlorenen Moment, der kaum einzuordnen ist und erst im Akkord nach dem „ach!" – jenseits des harmonischen Abgrunds – seine Bedeutung erhält, nämlich Teil von E-Dur zu sein und damit als Leitton zu fungieren.

Abbildung 2: Franz Schubert: *Gretchen am Spinnrade*, T. 61-64

Nicht zufällig kommt jenes *gis* just in dem Moment ins Spiel, als Gretchen seinen „Händedruck" – und damit erstmals den direkten körperlichen Kontakt – imaginiert; jener Händedruck aber mündet wenige Takte später unweigerlich im Kuss. Das *gis*, Tritonus zu *d*, ist mithin jener Ton, der die ‚teuflische' Körperlichkeit anzeigt: Die im Rahmen von B-Dur auf dem Klavier noch als vermeintliche Septime (*as*) hörbare und damit gewissermaßen konventionelle Berührung, deren spezielle emotional-körperliche Einfärbung ausschließlich auf dem Notenpapier sichtbar ist, ist in Wahrheit bereits Bestandteil des Kusses. Es ist das *gis*, das über den (harmonischen) Abgrund führt, der zwischen Konvention und erotischer Offenbarung klafft.

Mit dem Gedanken an Fausts „hohen Gang und seine edle Gestalt" beginnt Gretchen zu träumen. Während zuvor kontinuierlich zum Drehen des Spinnrads ihr Herz schlägt, angedeutet durch das repetierte Muster von zwei Achtelnoten mit anschließender Achtelpause in der Klavierbegleitung, scheint hier, ab dem fast feierlichen *Pianissimo*, das mit dem „hohen Gang" einhergeht, der Herzschlag auszusetzen, die – nunmehr unregelmäßigen – Schläge verlagern sich gleichsam in den Gesang. Die Protagonistin kommt offenbar über längere Zeit ohne regelmäßigen Herzschlag aus, genauer gesagt, sind es zwei ganze Strophen, in denen sie den eigenen Körper und dessen normale Funktionen zu verlassen scheint. Mit dem Ausruf „ach" hört sie schließlich auch auf zu spinnen, sie hält inne: Die zuvor ununterbrochene Sechzehntelbegleitung hat ausgesetzt. Erst im Anschluss an den Kuss nimmt sie zaghaft die Arbeitsbewegung wieder auf, und erst nach vier weiteren Takten beginnt das Herz wieder im vorherigen, regulären Rhythmus zu schlagen. Der Gedanke an Fausts Kuss aber lässt Gretchen von nun an nicht mehr los, so dass das Lied schließlich sogar mit einer Art imaginiertem ‚kleinen Tod' endet, dem ‚Vergehen' – und zwar verursacht durch „seine Küsse" („ach dürft' ich fassen / und halten ihn, / und küssen ihn, /so wie ich wollt; / an seinen Küssen / vergehen sollt.").

Harmonisch ist das Küssen auch an dieser Stelle zunächst in Form eines Dominantseptnonakkords vertont; H-Dur („küssen") führt zur Doppeldominante E-Dur („ihn"). Bemerkenswerterweise sind aber alle nun folgenden Gedanken

an das „Küssen" – der letzte Ausspruch wird wiederholt – in der Grundtonart d-Moll gehalten: Gretchen hat sich Faust gleichsam zu sich hergeholt –
aber, wie sie bereits an dieser Stelle weitsichtig erkennt, sie geht (in ihrer
Vorstellung) an seinen Küssen zugrunde, deutbar als sexueller Höhepunkt wie
als reales Sterben gleichermaßen. Beides ist in Goethes Drama im Anschluss
(vermutlich) eingetreten. Was übrig bleibt, ist das Drehen des Spinnrades, die
dazugehörigen Fußbewegungen und das abstrakt-ruhelose Herzklopfen. „Meine Ruh' ist hin": Es könnte noch ewig so weitergehen, und so läuft das Stück
einfach aus, im *pp*, als ob man sich als Beobachterin gleichsam vom Geschehen entfernt. Wovon man hier Zeuge wurde, ist keine reale Handlung, vielmehr
wurde blitzlichtartig ein Zustand beleuchtet, der gleichsam immer und überall
existiert, eine Ur-Situation, die sich ständig erneut ereignet: der Augenblick
zwischen (banger) Hoffnung und Erfüllung. Tatsächlich könnte so auch der
‚Kuss' – in der Musik wie anderswo – definiert werden: als Schwebezustand,
als Moment, in dem Weichen gestellt werden. Paradoxerweise enthält jener
Augenblick aber seine vollständige Bedeutung in sich selbst, denn Körper und
Geist haben hier ein Gleichgewicht erreicht, das im Zwischenmenschlichen sin-
gulär zu sein scheint und das sich im Anschluss zunächst tendenziell zugunsten
des Körperlichen verschiebt. Der Kuss dient somit – auch – der notwendigen
Verzögerung.

Nicht nur Schuberts *Gretchen am Spinnrade*, sondern zahlreiche weitere
Kunstlieder insbesondere des 19. Jahrhunderts widmen sich explizit, teilweise
sogar im Titel, dem Kuss – so beispielsweise das Lied *Der Kuss* op. 128 (Ent-
wurf 1798, Revision 1822) von Ludwig van Beethoven nach dem gleichnamigen
Gedicht von Christian Felix Weiße. Aus heutiger Perspektive geht es hier um
sexuelle Belästigung: Das lyrische Ich küsst hier – trotz des eindeutigen ‚Neins'
des Gegenübers – die von ihm begehrte Chloë („Ich wagt es doch, und küßte
sie, trotz ihrer Gegenwehr"), woraufhin diese „noch lange hinterher [...] schrie".
Beethovens harmlos anmutende ‚Ariette' suggeriert zunächst, dass diese Ereignisse als Petitesse wahrgenommen wurden – irritierend ist jedoch, wie viel
Raum der Komponist dem ‚Geschrei' der solcherart Belästigten gibt: Insgesamt
20 Takte lang währt der Protest Chloës („Jawohl, sie schrie, sie schrie; doch,
doch, doch lange hinterher, doch, ja doch! doch lange hinterher, sie schrie, doch
lange, lange, lange, lange, lange, lange, lange, lange, lange, hinterher, hinterher,
ja lange, lange hinterher"), die damit das letzte Wort hat.

Zumindest auf den ersten Blick einvernehmlich hingegen scheint der Kuss
zu sein, den Johannes Brahms in *Der Kuss* op. 19, Nr. 1 nach einem Gedicht
von Ludwig Heinrich Christoph Hölty (1858 komponiert, 1862 veröffentlicht)
in Töne setzte: Im Gegensatz zu Beethovens Vertonung wird hier kein em-
pörendes Ereignis, sondern gleichsam ein seliger Zustand heraufbeschworen;
musikalisch handelt es sich um eine Art Berceuse, die den Zuhörenden Gebor-
genheit vermittelt: „Unter Blüten des Mais spielt' ich mit ihrer Hand, / Koste

liebelnd mit ihr, schaute mein schwebendes / Bild im Auge des Mädchens, / Raubt' ihr bebend den ersten Kuss. // Zuckend fliegt nun der Kuss, wie ein versengend Feur, / Mir durch Mark und Gebein. Du, die Unsterblichkeit / Durch die Lippen mir sprühte, / Wehe, wehe mir Kühlung zu!" Möglicherweise hatte Brahms bei der Komposition seine kurzzeitige Verlobte, die Göttinger Professorentochter Agathe von Siebold, im Sinn, die er im Sommer 1858 kennengelernt hatte. Der Kuss erfolgt hier – auch wenn er nicht geschenkt, sondern, wie bei Weiße, ,geraubt' ist – musikalisch denkbar unspektakulär, als Teil des zärtlichen Liebesspiels im Freien; erst im Nachhinein wird sich das lyrische Ich der Wirkung mit gleichsam religiös-metaphysischer Dimension („Unsterblichkeit") bewusst, markiert insbesondere durch das einbrechende *Forte* und die vollgriffigeren Akkorde.

2. Der Kuss als Symbol

Nicht zufällig steht in der Komposition des erst 17jährigen Franz Schubert, vollendet im Oktober 1814 (ein Datum, mit dem die Ära des deutschsprachigen Kunstliedes als eröffnet gilt), der Gedanke an den Kuss musikalisch im Mittelpunkt. Ein Kuss, zumal ein erster, steht fast immer für einen Wendepunkt und damit einen ersten Höhepunkt des Geschehens zwischen zwei Personen, sei es als Wille, als Vorstellung oder auch im Traum. Am Kuss und der Art und Weise, wie sich dieser vollzieht, deutet sich an, wie sich eine Beziehung entwickelt; so heißt es bereits in Johann Friderico Hekelios Abhandlung über den Kuss (*De Osculis*) von 1689[1] (hier in der deutschen Übersetzung von 1727):

> „Daher der heil. Augustinus spricht, [...] daß die Küsse, die einem fremden Weibe gegeben werden, mit derben Schlägen gerochen [gerächt] werden sollen [...], dieweil sie schon längst von unsern *Theologis* unter den Vorschmack der bösen Lust [...] und unter die Vorbothen des Ehebruchs [...] sind gerechnet worden. Denn ein Weib, das die Küsse nicht versagt, das pfleget auch selten das übrige zu versagen."[2]

Dass Gretchen mit dem Gedanken ans ,Vergehen' durch Küsse letztlich den sexuellen Höhepunkt vorwegnimmt, dürfte den Zeitgenossen Goethes und Schuberts bewusst gewesen sein. Man könnte vielleicht so weit gehen, auch im öffentlichen Akt der Eheschließung, der durch das Berühren zweier Münder besiegelt wird („Sie dürfen die Braut jetzt küssen!"), eine Art Vorübung zum eigentlichen ,Vollzug' der Ehe zu sehen, der, so die Theorie, zum ersten Mal in

---

[1]   Johann Friderico Hekelio: *De Osculis*, Leipzig u.a. 1689.
[2]   Ders.: *Historisch-philologische Untersuchung von den mancherley Arten und Absichten der Küsse*. Vormahls in Lateinischer Sprache beschrieben von dem gelehrten Polyhistore, Herrn Jo. Frid. Hekelio, anietzo aber wegen der Curiosité ins Teutsche übersetzet und hin und wieder vermehret durch Gotthilff Wernern, Chemnitz 1727, 89f. (deutsche Schreibweise des Autors: Johann Friedrich Heckel).

der Nacht nach der Hochzeit erfolgt. Ein Kuss leitet auch hier den Übergang in andere Sphären, nämlich den Eintritt in den Ehestand – nach landläufiger Ansicht also das innerliche und äußerliche Erreichen einer neuen Ebene – ein und bestätigt diese zugleich. Hekelio zufolge ist der Kuss erst innerhalb der Verlobung bzw. Ehe rechtmäßig; außereheliche Küsse hingegen passieren nur den, so der Autor, „Venus-Knechten und Venus-Kindern".[3] Die außerordentliche Bedeutung des Hochzeitskusses im Rahmen des formalen Aktes der Eheschließung zweier Personen wird auch daran erkennbar, dass,

> „wenn sich einer der beiden der Unterwerfung unter den Brauch verweigern würde [...], [das so] wäre [...], als würde man seinem Partner mitten im Tanz ein Messer in den Rücken rammen. [...] Die Rede des Standesbeamten ist abstrakt, die Gefühle bleiben ungreifbar, die Eingeladenen sind verkleidet, alles an der Sache wirkt falsch außer vielleicht der Moment des Kusses. Welch kurioses Hereinbrechen des Realen mitten in einer sozialen Komödie! [...] Die Liebe mag verstreut, verworren oder geteilt sein, küssen aber wird man nur eine Person auf einmal. Seltsamer Kuss, dessen Gabe der Beginn einer Geschichte ist und dessen Verweigerung deren Ende."[4]

3. Gender Trouble: Von *Parsifal* zu *Kiss*

In Richard Wagners *Parsifal*, 1882 in Bayreuth uraufgeführt, ist es just der Kuss, nämlich jener zwischen Parsifal und Kundry, welcher der Handlung etwa in der Mitte des ‚Bühnenweihfestspiels' im zweiten Akt eine entscheidende Wendung gibt. Zwei getrennte, eigentlich verfeindete Welten – die heilige Welt des Grals und die sinnliche Welt Klingsors – werden hier miteinander versöhnt; eine der – ähnlich wie etwa Lulu oder Salome – schillerndsten Frauengestalten der Operngeschichte vereint sich hier erstmals mit der denkbar unschuldigsten männlichen Opernfigur, dem ‚reinen Tor', der just durch diesen Kuss, die Begegnung mit Körperlichkeit und vermeintlicher Sündhaftigkeit, Erkenntnis erlangt und von nun an weiß, worin seine Bestimmung liegt: „Klingsor stürzen, Kundry taufen und Amfortas' Wunde mit dem Speer heilen."[5] Der (mütterliche) Kuss der Kundry also stellt den Übergang zur Welthellsichtigkeit dar, sie hat ihn, ein männliches Dornröschen, gleichsam wachgeküsst – zugleich handelt es sich um die (imaginäre) Versöhnung Parsifals mit seiner Mutter Herzeleide, die aus Gram über das Verschwinden ihres Sohnes bereits zuvor gestorben war.

---

[3] Ebd., 92f.
[4] Alexandre Lacroix: *Kleiner Versuch über das Küssen*. Aus dem Französischen von Till Bardoux, Berlin 2013, 79.
[5] Mit Dank an Valentin Fheodoroff, studentischer Teilnehmer des Begleitseminars zur Ringvorlesung „Musik und Liebe" (WS 2016/17, Hochschule für Musik und Theater Hamburg), der diesen Zusammenhang auf den Punkt brachte (E-Mail an d. Verf. vom 14.10.2016).

Kundry singt:

> Die Liebe lerne kennen, / die Gamuret umschloss, / als Herzeleids Ent-
> brennen / ihn sengend überfloss! / Die Leib und Leben / einst dir gege-
> ben, / der Tod und Torheit weichen muss, – / sie beut / dir heut – / als
> Muttersegens letzten Gruss, / der Liebe ersten Kuss.

In der Regieanweisung heißt es anschließend: „Sie hat ihr Haupt völlig über das
seinige geneigt, und heftet nun ihre Lippen zu einem langen Kusse auf seinen
Mund."

Abbildung 3: Richard Wagner: *Parsifal*, aus: II. Akt, Klavierauszug

Tatsächlich hat Wagner das Berühren zweier Münder bzw. Lippenpaare – und
damit zugleich: zweier konträrer Welten – auskomponiert. Der erste, halbverminderte Klang auf dem Wort „Kuss" (*f-as-ces-es*) wird zunächst enharmonisch
verwechselt und zu *eis-gis-h-dis* umgedeutet, von dort aus erklingt plötzlich,
wie eine Erlösung, über den Leitton *dis* reines, helles E-Dur. Es folgt noch
einmal der zuvor erklungene, halbverminderte Akkord *eis-gis-h-dis*, um erneut
einem E-Dur-Klang – womöglich einem erneuten Kuss – zu weichen. Nach
zwei Takten weiteren, fast tristanesken ,Sehnens' (aufsteigende Halbtonschrit-
te) „fährt Parsifal", so die Regieanweisung, „plötzlich mit einer Gebärde des
höchsten Schreckens auf: seine Haltung drückt eine furchtbare Veränderung
aus"; der zur Welthellsichtigkeit führende Kuss währt – inklusive Annäherung
und langsamem Sich-Lösen – insgesamt nur acht Takte.

In Hans-Jürgen Syberbergs *Parsifal*-Film von 1982[6] vollzieht sich nach dem
Kuss eine noch viel grundlegendere Wandlung als von Wagner vorgesehen:
Parsifal wird zur Frau, der Kuss – und die damit einhergehende, unmittelbar
folgende Absage an die Leidenschaft, die Entsagung – macht ihn weiblich.
Damit aber entsteht, so Syberberg,

> „ein größeres erotisches Leiden [...], als es je mit einem männlichen Par-
> sifal möglich gewesen wäre [...]. [E]s ist, als ob die Elemente, nicht nur

6   Vgl. hierzu Nina Noeske: *Mit Wagner über Wagner hinaus: Hans-Jürgen Syberbergs
     Parsifal-Film (1982)*, in: *Parsifals Rituale. Religiöse Präfigurationen und ästhetische
     Transformationen. Beiträge des Ostersymposions Salzburg 2013*, hg. von Jürgen Kühnel
     und Siegrid Schmidt, Anif/Salzburg 2014 (Wort und Musik, 77), 110–124.

die des Weiblichen und des Männlichen, sich zusammengetan [haben],
um hier zu siegen gegen das Urprinzip der Verführung [...]. Es ist nicht
mehr die Zurückweisung des Weiblichen durch den Mann, es ist, als ob
der bessere Teil Kundrys selbst nun sie ermahnt, wie in einem inneren
Monolog. Alte biblische Vorstellungen vom Bösen in der Frau [...] gehen
nun nicht mehr auf."[7]

Auch Slavoj Žižek betont den Rückzug aus der „phallischen Logik", der mit jener Verwandlung des biologischen Geschlechts einhergeht.[8] Gleichwohl bleibt
die von Wagner komponierte Tenorstimme im Film unverändert: Der Effekt
einer Darstellerin mit männlicher Stimme ist zwar zunächst durchaus gewöh-
nungsbedürftig, hat aber einen sehr eigenen Reiz; Marcia Citron spricht von
„a formidable challenge for the spectator", wobei zugleich ein Ideal von Andro-
gynität eingeführt werde.[9]

In seinem bereits erwähnten Buch *Kleiner Versuch über das Küssen* vertritt
Lacroix die – allerdings wenig überzeugend dargelegte – These, dass dem Kuss
grundsätzlich etwas Feminines anhafte: „Der Kuss verbindet einen wieder mit
der Brust, folglich mit der Mutter." Dass der Kuss zugleich auf „sehr süße und
sehr frühe Sinnesempfindungen" verweist und dabei die „Unterwerfung und
Gefügigkeit gegenüber der mütterlichen Allmacht" nachempfinden lässt, ist
jedoch unbestreitbar.[10] In der Schlüsselpassage von Syberbergs *Parsifal*-Film
entblößt entsprechend Kundry, gespielt von der Schauspielerin Edith Clever,
unmittelbar vor dem Kuss eine Brust. Dadurch, dass es nur *eine* Brust ist,
lässt diese Geste tatsächlich Mütterlichkeit in ihrer symbolisch am meisten
aufgeladenen Form – dem Stillen eines Kindes – assoziieren; tatsächlich war
zuvor von Parsifals Mutter, Herzeleide, die Rede.

Im Song *Kiss* von Prince and the Revolution aus dem Jahr 1986 macht
sich ein ähnlicher Effekt bemerkbar: Während die prägnant hohe Falsettstim-
me, Markenzeichen des Sängers, schon in den 1980er Jahren kaum mehr irri-
tierte – durch die Kastraten und, später, Countertenöre war man damit kul-
turgeschichtlich schon lange vertraut –, wirken jene beiden kurzen Stellen im
Musikvideo, an denen eine Frau mit Männerstimme den gutturalen Ausruf „yeah!" zu intonieren scheint und dabei, sonnenbebrillt, einen betont männlichen,
coolen Gesichtsausdruck aufsetzt, für einen kurzen Moment verstörend.[11] Im
Anschluss an Prince's „You can't be too flirty, mama, / I know how to undress
me" bzw. „You just leave it all up to me / My love will be your food" leiht sich

---

[7]   Hans-Jürgen Syberberg: *Parsifal. Ein Filmessay*. Originalausgabe, München 1982, zit.
      nach ebd., 120.

[8]   Slavoj Žižek: *Der zweite Tod der Oper*, Berlin 2003, 50.

[9]   Marcia Citron: *Opera on Screen*, New Haven u.a. 2000, 149f.

[10] Lacroix: *Kleiner Versuch* (wie Anm. 4), 112.

[11] https://www.youtube.com/watch?v=H9tEvfIsDyo (abgerufen am 16.03.2021); das
      weiblich-männliche „yeah!" ist insgesamt zweimal, etwa bei 1:30 und bei 3:23, zu hören.

die Tänzerin Monique Manning jeweils für einen kurzen Moment qua Synchronisation die Stimme von Prince („yeah!"). Fernand Hörner spricht diesbezüglich, in Anlehnung an Elizabeth Wood, vom „gesangliche[n] Cross-Dressing", wobei „von Prince das sonic cross-dressing durch sein Falsett tatsächlich durchgeführt, von Manning dieses durch das lip synching simuliert wird."[12] Prince gibt sich daraufhin kurz ironisch-abschätzig-erstaunt, singt dann aber weiter, als ob nichts gewesen wäre.

Was generell auffällt, ist die gleichsam ‚feminine' Position des Sängers, der in diesem Videoclip fast unentwegt auf seinen halbnackten Körper verweist (und dabei Schuhe mit sehr hohen Absätzen trägt); so ist es nur konsequent, dass das bestätigende „yeah" von einer ‚maskulinen' Frau kommt. Ohnehin werden die Geschlechtergrenzen im Video fast durchgängig in Frage und die Geschlechterrollen auf den Kopf gestellt:[13] So nimmt etwa die – damals tatsächlich in einer lesbischen Beziehung mit der Keyboarderin der Band lebende – Gitarristin Wendy Melvoin im Vordergrund des Bildes in Gesten, Blicken und Bewegungen, aber auch durch das Instrument, das sie spielt, einen traditionell männlich besetzten Part ein. Über eine kurze Passage bewegt sie, im Vordergrund des Bildes sitzend, die Lippen zu Prince's hohem Gesang, während Prince im Hintergrund tanzt; der Eindruck entsteht, dass sie es ist, die singt (ca. 1:52 bis 1:58). Doch auch die Rolle der Tänzerin ist durchgehend schillernd: Den Oberkörper zumeist durch einen schwarzen Schleier bedeckt, werden, insbesondere durch die hohen Stilettos, die Beine betont; der Schleier wiederum changiert zwischen verführerischem Brautschleier und Züchtigkeit suggerierendem Nonnenschleier bzw. Burka.

4. Baiser fatal: *Salome*

Um 1900 löste die durch den Kuss symbolisierte „mütterliche Allmacht", von der Lacroix spricht, offenbar Angstphantasien aus. Oscar Wildes *Salome* ist erst dann zufrieden, als sie den Propheten Jochanaan nicht nur tot weiß, sondern zudem dessen nunmehr leblose, eiskalte und wohl auch harte Lippen küssen darf. Der während der Oper nicht weniger als achtmal geäußerte Wunsch Salomes, „ich will deinen Mund küssen, Jochanaan", den der Prophet jedes Mal gnadenlos und unerbittlich zurückweist, hat am Ende der Oper an Dringlichkeit nicht verloren, ja, das Begehren ist stärker denn zuvor. Zur Erinnerung:

---

[12] Fernand Hörner: *Kiss (Prince and the Revolution)*, in: *Songlexikon. Encyclopedia of Songs*, hg. von Michael Fischer, Fernand Hörner und Christofer Jost, online: http://www.songlexikon.de/songs/kiss (überarbeitet 10/2013) (abgerufen am 16.03.2021): „Dabei stehen sich Prince und Manning chiastisch gegenüber und zudem wird noch das jeweilige Cross-Dressing durch ironische Gesichtsausdrücke von der anderen Seite gebrochen [...]."

[13] Analog zur feministischen Theoriebildung würden durch „übertriebene Affirmation", so Hörner, „Genderrollen" hier letztlich „unglaubwürdig" gemacht (ebd.).

Die junge, wohl erst etwa 15jährige Salome führte ihrem Stiefvater zuliebe einen erotischen Tanz auf, aber nur unter der Bedingung, dass dieser im Anschluss all ihre Wünsche erfüllt; am Ende fordert sie schließlich zum Lohn den Kopf des Jochanaan, der ihr auch pflichtschuldig auf einem silbernen Tablett überreicht wird. Es folgt die lange Ankündigung der Königstochter, nun den Mund des toten Propheten küssen zu wollen – sie gibt sich verwundert ob seiner Leblosigkeit, preist abermals seine ehemalige Schönheit und offenbart ihre tiefe Kränkung:

> Ah! Warum hast du mich nicht angesehen, Jochanaan? [...] Du hast deinen Gott gesehen, Jochanaan, aber mich, mich, hast du nie gesehn. Hättest du mich gesehn, du hättest mich geliebt! Ich dürste nach deiner Schönheit. Ich hungere nach deinem Leib. [...] Was soll ich jetzt tun, Jochanaan? Nicht die Fluten, noch die großen Wasser können dieses brünstige Begehren löschen.

Nach einer kurzen Unterredung des Königspaars äußert Herodes die Ahnung: „Es wird Schreckliches geschehen." Daraufhin küsst Salome den Mund des toten Jochanaan.

Im Anschluss an einen flirrenden Triller der hohen Streicher im *Pianissimo* erklingt das Salome-Leitmotiv in Flöten und Oboen, anschließend (Ziffer 355) ist ein unheimlich gedämpfter, fast tonloser Klang zu hören, an dem fast das gesamte Orchester mitwirkt – bei den gleichzeitig gespielten Tönen *g*, *gis*, *a* und *b* handelt es sich um einen Cluster, der harmonisch nicht zu deuten ist; die Schwebungen, die zwischen den engen Intervallen in tiefer Lage entstehen, verhindern eine eindeutige Identifikation der Tonhöhen durch bloßes Hören. Ulrich Schreiber spricht mit Blick auf diesen Akkord, der – wohl entsprechend der Anzahl der Küsse – zunächst dreimal erklingt, von „schwarze[r] Klangmagie".[14] Kurz nach dem erneuten Einsetzen des Gesangs ist der Klang weitere Male zu hören (ab Ziffer 356), diesmal jedoch nurmehr als (plastische) Erinnerung an den Kuss. Die Überschreitung der tonalen Grenzen erfolgt, wie die Grenzüberschreitung der (noch) Lebenden hin zum Reich der Toten, im Moment des Kusses, allerdings nur kurzfristig: Es folgt, nach F-Dur und Fis-Dur, überschwängliches, fast pathetisch-verzücktes Cis-Dur, bis am Schluss der Oper der Tetrarch dem grausamen Spiel ein – ebenfalls grausames – Ende bereitet: „Man töte dieses Weib!" Die Oper schließt in c-Moll.

Mit dieser Wiederherstellung von Tonalität – als ob nichts gewesen wäre – geht, so Schreiber, „Dur-Moll-harmonische Bürgerlichkeit" einher, die dem „utopischen Ausblick" der Kuss-Szene ein jähes Ende bereitet.[15] Damit ist die

---

14 Ulrich Schreiber: *Opernführer für Fortgeschrittene. Die Geschichte des Musiktheaters*, Bd. 3/1: *Das 20. Jahrhundert. Von Verdi und Wagner bis zum Faschismus*, Frankfurt a. M. 5. Aufl. 2013, 256.

15 Ebd.

Banalität bürgerlicher Maßstäbe und deren Vorhersehbarkeit angedeutet, die am Ende das letzte Wort behält: Salome muss sterben, weil sie die Grenzen von Konvention, Moral und Gesetz überschreitet, indem sie ihrer persönlichen Lust – einem (auch) ästhetischen Vergnügen – höchste Priorität einräumt, und dabei buchstäblich über Leichen geht (oder sich zumindest über diese beugt). Jochanaan hingegen muss sein Leben lassen, weil er sich auf das erotische Funkeln der Prinzessin nicht einlassen wollte und allzu sehr auf den einen Gott konzentriert war. Beide verweigern sich bürgerlicher Normalität; sowohl das vorwiegend sinnliche als auch das rein geistige Prinzip sind in der Welt eines Herodes zum Scheitern verurteilt. Gleichwohl: Salome bekommt formal, was sie will – den Kuss –, gerät daraufhin in Ekstase, überschreitet zugleich aber die Grenze zwischen Leben und Tod. Harmonisch verbindet das gesteigerte Leben, das durch die Berührung mit dem Tod offenbar möglich ist (Cis-Dur bzw. Fis-Dur), nichts mit dem gesetzlich angeordneten Tod (c-Moll).

5. Der Kuss im/als Medium: Bild- und Filmküsse

In Hekelios bereits zitierter, im späten 17. Jahrhundert erstmals erschienener Abhandlung heißt es: „Was kann ein Mensch dem andern kostbarers darreichen, als einen Kuß? Das Hertz kann er ihm nicht übergeben, vielweniger die Seele; daher legt er seinen Mund an seines Freundes Mund, damit daselbst die Seele, deren man nur eine in zwey Leibern vertrauter Freunde zu seyn meynet, gleichsam auf die Gräntzen des *territorii* der Freunde komme".[16] Ein Kuss signalisiert demzufolge die Einheit zweier Seelen, zwei Menschen überschreiten die Grenzen ihres eigenen Körpers, die Personen „werden durchlässig. Von außen betrachtet ein Zustand für die Ewigkeit, innen aber durchtränkt mit Gegenwart [...]. Wo soll man die Küssenden orten? Sie sind auf der Welt, so sehr, dass sie es nicht fassen können. Sie lassen sich nach vorn fallen, wie um zu prüfen, ob es wirklich keinen Abgrund gäbe."[17] Unendlichkeit und Endlichkeit vereinen sich sowohl im Bild des Kusses, in dem Ewigkeit und Augenblick – wenn man so will: Geist und Körper – zusammenkommen, als auch in jenem der Bodenlosigkeit: In Gustav Klimts Gemälde *Der Kuss* von 1908/09 befindet sich auf der rechten Seite des Bildes just ein solcher Abgrund, in den die Liebenden zu fallen drohen. Ein Kuss ist immer auch gefährlich, der Aufprall kann hart sein.

Generell markiert der Jugendstil eine Zeit, die sich – exemplarisch in Oscar Wildes von Strauss vertonter *Salome* – künstlerisch exzessiv und in unterschiedlichen Medien und Facetten mit dem Kuss beschäftigte. William Heises

---

16   Hekelio: *Historisch-philologische Untersuchung* (wie Anm. 2), Vorrede des Autors, ohne Seitenangabe (I).

17   Maja Dvoracek: *Der Kuss in der Musik: Manifestation eines Impulses*, Text zum Programmheft der Ringvorlesung an der Hochschule für Musik und Theater Hamburg am 20.12.2016, unveröffentlicht.

kaum eine halbe Minute langer, zu einiger Berühmtheit gelangter, ebenso populärer wie skandalträchtiger (Stumm-)Film *The Kiss* (1896, auch: *The May Irwin Kiss*)[18] entstand ebenfalls in dieser Zeit: Hier gewinnt der (stille) Kuss seinen besonderen Reiz insbesondere durch die augenscheinliche Vertrautheit der beiden Protagonisten, die im Vorfeld des Kusses deutlich wird. Die beiden nehmen sich selbst und vor allem den bevorstehenden ,bedeutenden' Akt des Küssens offenbar, vertraut miteinander plaudernd, nicht allzu ernst, wissen aber zugleich, welch immense gesellschaftlich-kulturelle Tragweite in einem solchen, gleichsam öffentlichen Kuss liegt. Der männliche Part streicht – für die imaginierten Filmzuschauer – vor dem Kuss schnell noch theatralisch seinen Bart in Form. Hier wird die Natur des Kusses als „Zwitter zwischen zielgerichtetem Akt und ritueller Geste"[19] besonders deutlich; unklar bleibt, was an diesem Kuss ,echt' und was Inszenierung ist bzw. was beides – insbesondere dann, wenn ein Publikum im Spiel ist – überhaupt voneinander unterscheidet.

Was auf einem – neben Klimts *Kuss* – weiteren berühmten Jugendstil-Bild ebenfalls stumm ist, nämlich *Der Kuss* auf Peter Behrens' gleichnamigem Holzschnitt von 1898, bringt Johannes Kreidler 2015 durch eine konzeptuelle Bearbeitung, eine Art optischen Remix, bildhaft zum Klingen:[20]

Abbildung 4: Johannes Kreidler (2015), ohne Titel

Beim Abspielen einer Schallplatte tastet eine Nadel deren Rillen ab, es handelt sich gewissermaßen um einen zunächst – im metaphorischen Sinne – mechanischen ,Kuss', der, durch den Tonabnehmer in elektrische Ströme umgewandelt, schließlich zur Wiedergabe von Tonsignalen (Musik) führt. Tonabnehmer und Schallplatte berühren sich in Kreidlers Arbeit just an der Stelle, wo sich die

---

[18] https://www.youtube.com/watch?v=Q690-IexNB4 (abgerufen am 16.03.2021).

[19] Dvoracek: *Der Kuss in der Musik* (wie Anm. 17).

[20] http://www.kreidler-net.de/archiv/2015/album/14-kuss.gif (abgerufen am 16.03.2021).

(hier nicht sichtbaren) Münder befinden. Damit aber ist eine Analogie zwischen der Tonerzeugung einer Schallplatte und dem Sich-Küssen zweier Individuen hergestellt – in beiden Fällen führt die fein austarierte Berührung zweier Körper zu elektrischen Strömen sowie akustisch wahrnehmbaren Schallwellen. Der Tonabnehmer mit dem Diamanten oder Saphir sollte richtig eingestellt sein und sehr vorsichtig aufgelegt werden, so dass es nicht zu Störgeräuschen und Verschleißerscheinungen kommt; Ähnliches kann für die Berührung zweier Lippenpaare gelten. Möglicherweise ähneln die Lippen- und Zungenbewegungen, die auf Kuss-Abbildungen oder bei Küssenden niemals ganz sichtbar sind, gleichsam das ‚Innere' eines Kusses, den kreisförmigen Bewegungen einer Schallplatte, die, wie ein Kuss, grundsätzlich immer wieder abgespielt werden kann. Ob es irgendwann langweilig wird, ob sich Abnutzungserscheinungen bemerkbar machen, entscheidet in beiden Fällen insbesondere die Rezeption bzw. Wahrnehmung; mitunter wird das Kratzen einer Schallplatte als Patina, als besondere Qualität wahrgenommen.

Mensch und Technik scheinen auf dieser Abbildung – auch wenn die Montage als solche sichtbar bleibt – eine harmonische Verbindung einzugehen.[21] Schallplatte und Tonabnehmer sind ähnlich innig vereint wie die beiden Personen, hier: jugendliche Männer oder Frauen, deren Augen im Augenblick des Genießens geschlossen bleiben (und deren Ohren möglicherweise umso weiter geöffnet sind). Zudem geht im Bild nicht nur die ovale Form der perspektivischen Schallplattenabbildung in die weichen Formen des Jugendstils über, sondern es scheint der – hier nur sicht-, nicht aber hörbare – Klang selbst zu sein, der sich in den natürlich-kunstvoll verschlungenen Haaren der beiden Küssenden manifestiert. Weitere Deutungsansätze wären für Kreidlers ‚Remix' sicherlich möglich (u.a. die Schallplatte bzw. Musik als verbindendes Glied zwischen zwei Personen), doch sei es an dieser Stelle bei der Fokussierung der Analogie zwischen körperlich-seelischem und ‚technischem' Kuss – der so technisch letztlich gar nicht ist und als klingender jederzeit ins Liebesspiel integriert werden kann – belassen. (Nur am Rande sei erwähnt, dass Behrens' Bild der Abbildung einer Schallplatte von oben gleicht, die Haare sind gewissermaßen der schwarze Rand. Dass die Schallplatte zudem etwa genauso alt ist wie der Jugendstil, ist wohl eine mehr oder weniger zufällige Koinzidenz.) Ein Jahr vor der Behrens-Bearbeitung, 2014, war eine analoge Montage – zwei sich küssende Personen plus Schallplatte – innerhalb des etwa siebenstündigen Musiktheaterstücks *Audioguide* zu sehen und zu hören; während sich die Dar-

---

[21]   Brüche und Übergänge zwischen Mensch und Maschine, Organischem und Mechanischem, Analogem und Digitalem, aber auch: Ganzem und Teil werden bei Kreidler immer wieder thematisiert, zuletzt in *Film 1*, *Film 2* und *Film 3* (2017–18), in *Instrumentalisms* (2016) oder den *2 pieces for clarinet and video* (2016).

steller küssen und die Schallplatte abgespielt wird, erklingt Klaviermusik von Bernhard Gander.[22]

In *rationalization – irrationalization* (2016) für Glissandoflöte, Audio- und Videozuspielung, uraufgeführt im Januar 2018 in Berlin (Flöte: Erik Drescher), wird u.a. der Zusammenhang von Blicken, Bewegungen, Blickbewegungen und Klanglichkeit im Vorfeld und während eines Kusses erkundet.[23] Ausgehaltene Glissando-Bewegungen, entfernt an ‚Stöhnen' gemahnend, erklingen hier parallel zu räumlichen Ereignissen: Zunächst vollzieht sich die ‚Bewegung' des Klanges (nach oben oder unten) ungefähr analog zu den – wie es scheint – durch weiße Linien angedeuteten Blickbewegungen des männlichen Parts, gleichsam eine optisch-akustische Veranschaulichung des ‚male gaze', dann (wiederum: etwa) analog zur tatsächlichen Bewegung seines Mundes hin zu ihrem und schließlich, während eines zur Ewigkeit gedehnten Augenblicks, markieren Klang und Linien einen sich wechselseitig vollziehenden Energietransfer. Zwischen diese verschiedenen Phasen sind weitere ‚Klang-Bewegungsstudien' (Blicke, Gesten, Bewegungen von verschiedenen Menschen) eingeschoben. Was während des Kusses entsteht, ist nicht nur die Zeichnung eines Mundes, eines geöffneten Lippenpaares, sondern auch die einer zwei Individuen verbindenden ‚Aura', die Kreidler in anderem Zusammenhang als „grafische Notationsminiatur" vorgelegt hat:[24] Die ‚Aura' *ist* in diesem Fall der Mund bzw. die Kuss-Bewegungen. (Im Anschluss an den ‚Kuss' in *rationalization – irrationalization* erklingen, elektronisch erzeugt, aufsteigende Glissandi, die an eine Sirene erinnern – möglicherweise droht Gefahr, auf jeden Fall ist Aufmerksamkeit angebracht: Währenddessen sind die Zähne eines Mundes zu sehen.) Hier wiederum ergibt sich ein Verweis auf die Schallplatte, paradigmatisches Medium der technischen Reproduzierbarkeit, die Walter Benjamin bekanntlich mit dem unwiederbringlichen *Verlust* der Aura verband. Weder im Falle der Schallplatte noch in dem des Kusses scheint die Aura jedoch ernsthaft Schaden genommen zu haben.

Bewegung wird zu Klang, der Kuss setzt Energien frei, zunächst als Vorstellung und schließlich als Realität: Mit dem ‚achten Kuss' – der achten Verbindungslinie zwischen den beiden Mündern (T. 93) – wird die Klanglichkeit durch hohe Frequenzen, elektronisch generierte Klangfarben eines Orchesters, erweitert, eine gleichsam elektrisierende Wirkung setzt ein; der Kuss scheint Musik freizusetzen.

---

[22] *Audioguide*, 2:03:33–2:04:19, vgl. https://www.youtube.com/watch?v=5rwTO9Fs1_0 (abgerufen am 16.03.2021).

[23] *Rationalization – irrationalization*, 3:55–4:04; 5:29–5:43; 5:52–6:12, vgl. https://www. youtube.com/watch?v=5IkZE0mAZ18 (abgerufen am 16.03.2021). In der Partitur: T. 59–99.

[24] Vgl. http://www.sheetmusic-kreidler.com/leinwaende/ (abgerufen am 16.03.2021).

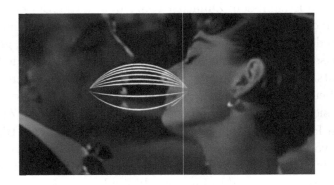

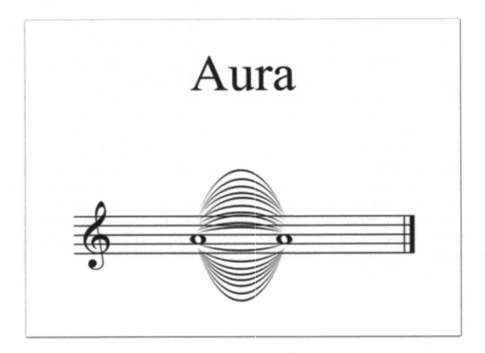

Aura, 60 x 80 cm, 2013

Abbildung 5: *rationalization – irrationalization*: Partitur und Filmstill (6:01); Sheet Music: *Aura*

Ähnliches passiert im Science-Fiction-Film *Forbidden Planet* von 1956 (USA, Regie: Fred M. Wilcox) mit den – laut Credits – „electronic tonalities" des Ehepaars Bebe und Louis Barron: Während Kapitän Adams und Altaira, Tochter des Dr. Morbius, sich durch einen intensiven Kuss näherkommen, setzt, zusätzlich zum Auf- und Abschwellen elektronischer Klänge, unmerklich ein ausgehaltener hoher Ton ein – fast, als ob dieser den traditionell-romantischen Part der Geige einnehmen würde. Auch hier scheint der Kuss ab einem gewissen Punkt andere (Klang-)Sphären zu eröffnen, Assoziationen ans ‚Wachküssen' drängen sich auf.[25]

6. Modernes Kunstlied

Mitte des 16. Jahrhunderts verfasste eine wohlhabende Französin namens Louïze Labé (ca. 1524–1566) 24 Sonette, Liebesgedichte, die großenteils von einer unerwiderten oder vielleicht vergangenen Leidenschaft zeugen. Im Sonett Nr. 18 geht es ausschließlich um den Kuss, oder vielmehr: um zahlreiche Küsse; eine Art (imaginäres) Kuss-Fest wird gefeiert. In der freien Übersetzung von Rainer Maria Rilke lautet der Text:

> Küss mich noch einmal, küss mich wieder, küsse
> mich ohne Ende. Diesen will ich schmecken,
> in dem will ich an deiner Glut erschrecken,
> und vier für einen will ich, Überflüsse
>
> will ich dir wiedergeben. Warte, zehn
> noch glühendere; bist du nun zufrieden?
> O dass wir also, kaum mehr unterschieden,
> glückströmend ineinander übergehn.
>
> In jedem wird das Leben doppelt sein.
> Im Freunde und in sich ist einem jeden
> jetzt Raum bereitet. Lass mich Unsinn reden:
>
> Ich halt mich ja so mühsam in mir ein
> und lebe nur und komme nur zu Freude,
> wenn ich, aus mir ausbrechend, mich vergeude.

Eine der inzwischen mehreren Vertonungen[26] der Labé-Sonette stammt von Aribert Reimann, der insgesamt neun der 24 Sonette vertonte; bei ihm bildet das Kuss-Sonett den Abschluss des Zyklus. Uraufgeführt wurden die *Neun*

---

[25] *Forbidden Planet*, 46:55–47:26.

[26] U.a. komponierte auch Victor Ullmann sechs der Labé-Sonette: *Six Sonnets de Louïze Labé*, op. 34 (1941). *Baise, m'encor* ist hier die vorletzte Vertonung der Reihe.

Sonette der Louïze Labé für Mezzosopran und Klavier (1986) in Hamburg (erster Teil, Juni 1987) und Schleswig-Holstein (zweiter Teil, Juli 1987), Sängerin war Liat Himmelheber, Pianist Axel Bauni. In *Baise m'encor* singt die Sängerin zunächst anderthalb Strophen unbegleitet, und zwar, indem von Beginn an immer wieder das *b-a-c-h*-Motiv permutiert wird; insgesamt ist es dreimal zu hören. Im Anschluss an die jeweilige Motiv-Variante findet jedes Mal eine eintaktige Auf- und Abwärtsbewegung in kleinen und großen Sekunden statt. Diese Intervallfolgen kehren später immer wieder. Mitten in der zweiten Strophe, als erstmalig vom „Wir" (bzw. „uns") die Rede ist („Ainsi mêlant nos baisers tant heureux"), setzt das Klavier ein, und was man nun hört, ist eine zwar unterbrochene, aber stete Entwicklung: Die Singstimme schraubt sich behutsam, teilweise chromatisch, teilweise in Sprüngen, nach oben, während sich die Hände des Pianisten beständig weiter auseinanderbewegen. Am Ende spielt das Klavier allein, aufgrund des riesigen Tonraums gewissermaßen mit drei Händen gleichzeitig, dabei einen Ambitus von insgesamt mehr als fünf Oktaven (vom Kontra-*Fis* bis zum *c'''*) umfassend. Nicht nur wirken die Küsse am Ende, auch durch die vielen Akzente, eher wie Messerstiche denn wie ausgetauschte Zärtlichkeiten, zusätzlich scheinen sich die Küssenden voneinander zu entfernen – oder aber sie umfassen eine ganze Welt mit ihren Küssen.

7. Fazit

Zahlreiche weitere Beispiele für die kompositorische Auseinandersetzung mit dem Kuss könnten angeführt werden. Sämtlichen hier thematisierten Beispielen ist gemeinsam, dass der Kuss auch musikalisch stets eine Ausnahmestellung einnimmt – allen voran wohl in *Gretchen am Spinnrade* und im *Parsifal*. Zugleich wird er immer wieder zum Anlass genommen, die „Ordnung der Geschlechter" zu reflektieren, sei es in Syberbergs *Parsifal*-Inszenierung, sei es in dem berühmten ‚Prinzenkuss' – *Kiss* – von 1986 (den Vivian – alias Julia Roberts – 1990 in *Pretty Woman* auf dem Höhepunkt ihrer Verliebtheit in Edward – alias Richard Gere – in der Badewanne zum Besten gibt, mit geschlossenen Augen und Kopfhörern in Schaum versunken). Der Kuss scheint herkömmliche Geschlechterrollen auszuhebeln, denn potentiell kann jede und jeder Küssende den aktiven, gleichsam penetrierenden Part oder den passiven einnehmen. Zwischen mütterlichem Kuss, Hochzeitskuss, Judaskuss, Weihekuss und dem Kuss in erotischer Ekstase sind alle Schattierungen möglich, jedes Mal aber erweist sich die Grenze zwischen zwei Individuen als durchlässig. *Salome* überschreitet durch einen Kuss sogar die Grenze zwischen Leben und Tod. Den Kuss als klanglich-auratischen ebenso wie als technisch erzeugten – mithin die Dialektik zwischen Einmaligkeit und ‚technischer Reproduzierbarkeit' – fokussiert Johannes Kreidler auf unterschiedliche Weise und in verschiedenen Medien, wobei hier den möglichen Verweisen kaum Grenzen gesetzt sind.

Was *genau* ein Kuss ist, bleibt freilich ungeklärt. Zumindest als Geste hat er sich der Musikgeschichte eingeschrieben – eine (Musik-)Geschichte der Gefühle fände hier reichhaltiges Material.

Literatur

Citron, Marcia: *Opera on Screen*, New Haven u.a. 2000.

Hekelio, Johann Friederico: *De Osculis*, Leipzig u.a. 1689.

Ders.: *Historisch-philologische Untersuchung von den mancherley Arten und Absichten der Küsse*. Vormahls in Lateinischer Sprache beschrieben von dem gelehrten Polyhistore, Herrn Jo. Frid. Hekelio, anietzo aber wegen der Curiosité ins Teutsche übersetzt und hin und wieder vermehret durch Gotthilff Wernern, Chemnitz 1727.

Hörner, Fernand: *Kiss (Prince and the Revolution)*, in: *Songlexikon. Encyclopedia of Songs*, hg. von Michael Fischer, Fernand Hörner und Christofer Jost, online: http://www.songlexikon.de/songs/kiss (überarbeitet 10/2013) (abgerufen am 16.03.2021).

Lacroix, Alexandre: *Kleiner Versuch über das Küssen*. Aus dem Französischen von Till Bardoux, Berlin 2013.

Mahnkopf, Claus-Steffen: *Philosophie des Orgasmus*, Frankfurt a. M. 2019.

Noeske, Nina: *Mit Wagner über Wagner hinaus: Hans-Jürgen Syberbergs Parsifal-Film (1982)*, in: *Parsifals Rituale. Religiöse Präfigurationen und ästhetische Transformationen. Beiträge des Ostersymposions Salzburg 2013*, hg. von Jürgen Kühnel und Siegrid Schmidt, Anif/Salzburg 2014 (Wort und Musik, 77), 110–124.

Schreiber, Ulrich: *Opernführer für Fortgeschrittene. Die Geschichte des Musiktheaters*, Bd. 3/1: *Das 20. Jahrhundert. Von Verdi und Wagner bis zum Faschismus*, Frankfurt a. M. 5. Aufl. 2013.

Syberberg, Hans-Jürgen: *Parsifal. Ein Filmessay*, München 1982.

Žižek, Slavoj: *Der zweite Tod der Oper*, Berlin 2003.

KLANGZEITEN – MUSIK, POLITIK UND GESELLSCHAFT

Band 11
Marco Lemme

Die Ausbildung von Kirchenmusikern in Thüringen 1872–1990

2013. 555 Seiten mit 35 s/w-Abb., kartoniert.
ISBN 978-3-412-22150-8

Band 12
Melanie Kleinschmidt

»Der hebräische Musikgeschmack«
Lüge und Wahrhaftigkeit in der deutsch-jüdischen Musikkultur

2015. 269 Seiten mit zahlr. Notenbeispielen, kartoniert.
ISBN 978-3-412-22390-8

Band 13
Albrecht von Massow | Thomas Grysko | Josephine Prkno (Hg.)

Ein Prisma ostdeutscher Musik
Der Komponist Lothar Voigtländer

2015. 125 Seiten mit 2 Audio-CDs, kartoniert.
ISBN 978-3-412-22518-6

Band 14
Nina Noeske | Matthias Tischer (Hg.)

Ruth Berghaus und Paul Dessau
Komponieren – Choreographieren – Inszenieren

2018. 128 Seiten mit 34 s/w-Abb., kartoniert.
ISBN 978-3-412-50069-6

Band 15
Albrecht von Massow

Die unterschätzte Kunst
Musik seit der Ersten Aufklärung

2019. 455 Seiten mit 55 Notenbeispielen, kartoniert.
ISBN 978-3-412-51518-8

Band 16
Helen Geyer | Maria Stolarzewicz (Hg.)

Verfolgte Musiker im nationalsozialistischen Thüringen
Eine Spurensuche

2020. 347 Seiten mit 129 s/w-Abb., kartoniert.
ISBN 978-3-412-51753-3

Band 17
Marianne Nowak

Polnische Komponisten bei den Internationalen Ferienkursen für Neue Musik Darmstadt um 1960

2020. 347 Seiten mit 80 Abb., kartoniert.
ISBN 978-3-412-51792-2

Band 18
Harriet Oelers

Elektroakustische Musik in der DDR
Rezeption, Institutionen und Werke

2021. 330 Seiten mit 12 s/w-Abb und zahlr. Notenbeispielen und Dokumenten, kartoniert.
ISBN 978-3-412-52308-4